Celso Mori
ADVOGADO

ORGANIZAÇÃO
Leonardo Peres da Rocha e Silva

AMANUENSE
DIREITO

Agilidade Profundidade Educação

Paciência Presença Simplicidade

Atitude Assertividade Tranquilidade

Competência

Celso Mori

Clareza

Conhecimento

Elegância

Vocação Curiosidade

Disposição Perfeição

Respeito Confiança

Criatividade Dedicação Cultura

Equilíbrio Técnica

Postura Otimismo

Empatia

Emoção Moral

Eloquência Ética Flexibilidade

Objetividade Versatilidade Visão Retidão

Experiência Paixão

Integridade

Genialidade Humanidade

Naturalidade

Humildade

Segurança

Habilidade

Inspiração Sabedoria

Generosidade

Resiliência Sensibilidade

Celso Mori

ADVOGADO

ORGANIZAÇÃO
Leonardo Peres da Rocha e Silva

1ª EDIÇÃO
SÃO PAULO • 2021

AMANUENSE
DIREITO

Edição, preparação e revisão: Rafael Baliardo e Rodrigo Haidar
Projeto gráfico e diagramação: Luciana Huber
Foto contracapa: Acervo pessoal

Dados Internacionais de Catalogação na Publicação (CIP)
(Câmara Brasileira do Livro, SP, Brasil)

Celso Mori : advogado / organização Leonardo Peres da Rocha e Silva.
-- 1. ed. -- São Paulo : Amanuense, 2021.

Vários autores.
ISBN 978-65-991464-3-5

1. Advogados - Brasil - Biografia 2. Direito - Brasil 3. Escritórios de advocacia - Brasil 4. Mori, Celso Cintra 5. Pinheiro Neto Advogados - História I. Rocha e Silva, Leonardo Peres da.

21-72317 CDU-347.965(092)

Índices para catálogo sistemático:

1. Advogados : Biografia 347.965(092)

Cibele Maria Dias - Bibliotecária - CRB-8/9427

AMANUENSE

Amanuense Livros Ltda.
Rua Nilo 241, Sala 02 – CEP 01533-010 São Paulo SP
contato@amanuense.com.br
www.amanuense.com.br

"A grandeza não consiste em receber honras,
mas em merecê-las."

ATRIBUÍDA A ARISTÓTELES

SUMÁRIO

As autoras e os autores dos artigos publicados neste livro, todos integrantes de Pinheiro Neto Advogados, não registraram as suas qualificações porque, aqui, não são apenas os profissionais, especialistas, mestres e doutores forjados na cultura ímpar do escritório. São amigos, parceiros, admiradores e seguidores do querido influenciador Celso Cintra Mori.

Saudação

Caro Celso Mori,

Você tem imenso valor para o Escritório Pinheiro Neto. Sua atuação, contribuição e influência foi e continuará sempre marcante, valiosa e significativa.

Por tudo isso, você é para nós uma pessoa muito querida e importante. Este livro que estamos lhe oferecendo nada mais é do que uma pequena demonstração de nosso carinho e apreço.

No longínquo ano de 1972, você chegou, jovem, para fazer parte do nosso Escritório, que naquela época era bem menor, embora já fosse grande e importante em termos de presença e relevância no meio jurídico e empresarial de São Paulo.

Pinheiro Neto e Rubens Gomes de Souza davam seus nomes ao Escritório, então recém-localizado no Edifício do Banco Real, na Rua Boa Vista, centro financeiro de São Paulo, onde ficamos por mais de 40 anos.

Quando você passou a integrar o nosso Contencioso, embora pequeno, ele já contava com os nomes bem conhecidos de Ruy de Camargo Nogueira e Mario Furquim Filho, experientes e respeitados profissionais.

Foi nesse meio que você teve de labutar e demonstrar seu conhecimento, valor profissional e capacidade de atuação. E isso você fez de sobra.

Não com facilidade, porque, além de enfrentar o dia a dia, o Pinheiro conseguia deixar o seu cotidiano mais excitante e divertido. Pouco a pouco, você se firmou pela sua competência, erudição, jogo de cintura e também pela sua capacidade de relacionamento pessoal.

Com o crescimento que tivemos, a estrutura do Escritório passou a gerar maior complexidade e demandar mais administração. Foi aí que, por sua formação pessoal e profissional e aceitação no Escritório, você passou a participar com sucesso da gestão, aportando toda sua experiência.

Entendo que o relato que vem até aqui representa, na verdade, uma sinopse de sua vida profissional e da sua carreira no Escritório.

Por último, e bem mais importante, cabe destacar seu melhor atributo: sua simpatia cativante.

Tudo isto junto faz de você uma pessoa muito especial para Pinheiro Neto!

Esperamos que você receba esta homenagem como a expressão do carinho e do respeito de todos nós, de Pinheiro Neto Advogados.

Antonio Mendes

O porto seguro

Com seu equilíbrio, coragem, resiliência e fé, Celso definiu o tipo de advogado que eu gostaria de ser

Sérgio Farina Filho

No final de 2020, meu querido Sócio, Leonardo Rocha e Silva, o Léo, teve a feliz iniciativa de capitanear um "projeto confidencial", organizando um livro em homenagem ao nosso Sócio Celso Cintra Mori, hoje o decano da Firma, cujo nome dispensa apresentações tanto dentre todos aqueles que um dia já integraram Pinheiro Neto Advogados como no cenário jurídico nacional e internacional.

A ideia inicial seria elencar casos inesquecíveis que nós, Sócios, tivemos em conjunto com o Celso. Fiquei ao mesmo tempo animado e preocupado. Animado com a justa e oportuna homenagem, mas preocupado com o desafio de destacar um único caso, numa jornada tão longa e tão exitosa quanto essa que vivemos juntos. Assim, pedi ao Léo para escrever sobre algumas experiências vividas ao lado do Celso. Um testemunho de meu aprendizado e da minha admiração.

Requerimento deferido!

A primeira impressão

Segunda-feira, 11 de maio de 1981, 13h30. Meu primeiro dia de Escritório.

Cheguei pontualmente ao Edifício Clemente de Faria. No elevador já estavam "embarcados" quatro senhores. Pelo porte, intuí que deveriam ser Sócios do Escritório onde iniciaria a minha jornada.

Com 20 anos, não se consegue bem precisar a idade dos mais velhos. Dois deles regulavam com o meu pai. O outro, com meu tio (dez anos mais novo). Mas havia um bem mais moço. De bela figura – como se dizia na época – camuflava sua juventude com óculos de aros grossos, que lhe conferiam alguns anos a mais.

Naquele trajeto de nove andares, fixei-me em cada palavra da conversa dos quatro. Entendi que voltavam de um "almoço de Sócios" e falavam animadamente sobre assuntos importantes da conjuntura nacional. Chamou-me atenção o mais jovem deles. Voz firme, discorria sem soberba, mas com muita segurança e desenvoltura.

Reparei no respeito e na atenção que os três dispensavam ao jovem Sócio. Quem seria ele? A resposta veio quando a porta se abriu e educadamente um dos dois mais antigos colocou a mão no seu ombro e falou, polidamente: "Vamos Celso".

Estávamos apresentados! Essa foi a minha primeira impressão. Esse fato ocorreu há 40 anos e, desde então, Celso passou a ser uma de minhas principais referências como advogado, como caráter e como exemplo de liderança.

O incêndio

Acredito que nossa vida profissional foi toda ela muito calcada nos exemplos que tivemos na nossa Firma. Um manancial de talentos. Uma mescla de estilos, formações e, principalmente, temperamentos.

Farei referência aqui ao incêndio ocorrido no longínquo ano de 1982.

Tudo se passou num feriado de finados. O sinistro devastou metade do 9º andar, o nosso andar principal, e uma boa parte do 8º andar, no qual ficava o Paralegal e parte do Arquivo.

Foram totalmente destruídas as salas do Antonio Mendes, do João Caio Goulart Peteado, do Mario Furquim Filho e do Celso. A imponente sala do Dr. Pinheiro Neto (e sua anexa sala de reuniões) foi milagrosamente poupada. Hoje, transferida para a nova sede em São Paulo, ornamenta nosso Memorial.

O Escritório transformou-se num cenário de escombros, metais retorcidos, telefones derretidos, fuligem por toda parte e tetos totalmente enegrecidos pela fumaça. Toda infraestrutura eletrônica – única na advocacia do país – comprometida pelo calor e pela ação dos bombeiros. Um cenário desolador. Mas poderia ter sido bem pior. Não houve uma única vítima!

A comunicação nos anos 1980 era feita por telefone. Nós, estudantes, fomos competentemente contatados no fim de semana prolongado pela onipresente Angela Mengozzi e informados que poderíamos deixar de comparecer na segunda-feira.

Eu optei por ir. Lá chegando, em meio aquele caos – magistralmente reorganizado pela administração – deparei-me com o Celso postado na frente de uma das salas de reuniões no 8º andar. Essa seria sua "nova sala" que, a partir de então, dividiria com o Furquim.

Aproximei-me do Celso. Ele, com interesse, sinalizou de maneira firme, mas acolhedora, que o espetáculo tinha de continuar. Dedicou por uns bons minutos toda a sua atenção para aplacar a inquietação e a insegurança de um jovem estudante assustado e preocupado com a continuidade da Firma. Mostrou-me sua nova posição improvisada de trabalho com orgulho.

Estava de volta a uma sala dupla, como no início da carreira. Firme, exalando confiança. Um exercício de equilíbrio, coragem, resiliência e fé, cujo exemplo definiu o tipo de advogado que eu gostaria de ser.

Exemplos como esse me fazem crer que as soluções para nossos problemas, como a que vivemos atualmente com a pandemia, passam também por relembrar dos nossos maiores, do que fizemos antes e o que nos conduziu até aqui.

Naquele dia, a presença do Celso na porta da sala de reuniões, olhando para frente, sem lamentos ou histórias paralelas, inspirou-me a ir para meu "novo lugar", sob um teto negro de fuligem e executar meu prazo (um recurso extraordinário com arguição de relevância de questão federal – já ouviram falar disso?) e sentir na própria pele a importância de o capitão permanecer no comando da embarcação.

Lembrei-me dessa cena quando, há alguns anos, o Comandante Falco, da marinha italiana, ordenou ao capitão Schettino: "Vada a bordo"!

A palestra

A obra do Dr. Pinheiro sempre foi calcada na razão. O "Navio Escola" – como ele chamava – colocou e coloca no convés centenas de profissionais treinados para fazer o melhor, com simplicidade, clareza, objetividade e pragmatismo. Somos quase todos assim e, certamente, esse é um dos segredos do sucesso da nossa Firma.

O Celso também é filho dessa cultura, mas, como poucos, consegue chegar a essa simplicidade sem deixar de lado a paixão. No seu estilo preciso, escolhe as palavras certas e, quando necessário, reveste-as de emoção, na justa medida. Tudo meticulosamente estudado e pensado. Tal como num verso perfeito.

Eu já era bem mais experiente. Mais de 10 anos de casa. Sempre me interessei pela administração funcional e, em especial, pelo tema "sociedades de advogados". Feliz, fui escolhido pelo Escritório para participar de um curso na Associação dos Advogados de São Paulo (AASP), que se aventurava a falar sobre o assunto.

Os palestrantes eram os Sócios seniores dos principais escritórios de advocacia do país que, diga-se de passagem, não eram muitos. A audiência era basicamente composta por advogados que atuavam de forma individual ou por pequenas bancas, ainda presas ao formato tradicional da simples "divisão de despesas".

O seminário foi realizado em dois dias. Eu estive presente em todos os blocos.

Para minha perplexidade, acostumado ao clima cordialíssimo do Centro de Estudos das Sociedades de Advogados (CESA), fiquei extremamente chocado com o ambiente que se criou entre os espectadores e os palestrantes. A plateia, extremamente agressiva, parecia inconformada com os panelistas, que mostravam a existência de um modelo mais sofisticado de gestão do que aquele que era conhecido por eles.

O clima ficava mais pesado ainda na hora das perguntas. Uma sensação de "nós" contra "eles" que só vim a conhecer na política partidária, décadas depois. Mais de uma vez, colegas retirando-se do recinto em protesto. Uma advogada chegou a chorar copiosamente por aquilo que definiu como uma "concorrência desleal" das firmas com a classe dos advogados.

Os tempos eram outros. Havia menos informação e certamente argumentos eram legítimos e verdadeiros para os dois lados.

Pois bem. Nessa temperatura elevada, com a plateia tensa, o seminário encaminhava-se para o final. Último palestrante: Dr. Celso Cintra Mori, Pinheiro Neto Advogados. Tema: "O controle de qualidade num escritório de advocacia".

Tema espinhoso. Um Sócio importante, do maior Escritório do país. Ademais, "controle de qualidade" à época era expressão que remetia à indústria que, por sua vez, se contrapunha ao trabalho artesanal do advogado individual. Realmente, não seria fácil. "Só que não".

Sereno, Celso subiu à tribuna. Explicou minuciosamente o trabalho de lapidação de talentos, treinamento, produção intelectual, depuração dessa produção por meio de sucessivas revisões e entrega de um trabalho final de alta qualidade, temperado pelo olhar de vários profissionais em vários momentos das suas carreiras. Além disso, essa evolução profissional, calcada num plano de carreira definido, abriria espaço para novos advogados e mais trabalho.

Percebeu-se ali uma certa sensibilização dos espectadores. Afinal, tudo aquilo fazia sentido. Nem de longe lembrava uma "máquina de moer carne" – expressão utilizada muitas vezes nas sessões de perguntas anteriores.

A palestra foi clara, leve, construtiva e poderia ter se encerrado quando os tópicos acabaram. Mas Celso percebeu que poderia ir mais longe.

Iniciou uma linha de raciocínio interessantíssima (que eu, empolgado, anotei integralmente):

> *"De tudo que falamos, seja num grande escritório, seja numa pequena banca ou mesmo atuando sozinho, o mais importante para um advogado é manter sempre a emoção de advogar.*
>
> *Aos poucos, com o exercício da advocacia, vamos superando as inseguranças do início. Aprendemos a conviver com as vitórias e derrotas, aceitando que fazem parte da jornada. Convertemo-nos na esperança dos clientes, no exemplo dos mais jovens e, no fundo, heróis em nós mesmos.*
>
> *Dentro dessa receita, todos caminhos são validos desde que – como dizia Saulo – lutemos o bom combate e guardemos a nossa fé!"*

Um final épico. Colocou a todos do mesmo lado, utilizando como denominador comum o amor à profissão.

Longos aplausos, uma plateia em paz e uma lição para a vida: a objetividade e a concisão podem conviver magistralmente com a emoção. O segredo está em dominar as duas ferramentas e saber combiná-las no momento adequado!

O conselheiro do presidente

Estamos no ano de 2012. Nessa altura eu já tinha 31 anos de Escritório e 19 como Sócio. Era o Coordenador da nossa àrea tributária e concomitantemente do comitê tributário do CESA. Estava envolvido numa tarefa extremamente complexa.

Explico. As sociedades de advogados com receita inferior a um determinado patamar anual recolhiam o PIS e a COFINS à alíquota de 3,65%. Enquadravam-se no chamado "regime cumulativo", no qual não são permitidas deduções.

Por outro lado, as sociedades com receita acima daquele patamar não poderiam enquadrar-se nesse regime e, por estarem no "regime não cumulativo", deveriam pagar as contribuições a uma alíquota de 9,25%. Em tese, poderiam deduzir as despesas, exceto a folha de salários. Como essa é a maior despesa das sociedades, verificava-se uma situação anti-isonômica entre pessoas jurídicas de mesma natureza, apenas em razão de seu faturamento.

Era uma situação injusta, mas não era ilegal. Competia a nós tentar mudar a lei.

Começamos a trabalhar. Escrevemos artigos. Fizemos "road shows" e apresentações para parlamentares. O assunto tomou corpo e era chegada a hora de levar o tema às altas autoridades.

Nesse momento, mais uma vez socorri-me das luzes do Celso. Ele ponderou que deveríamos procurar uma interlocução do mais alto nível e sugeriu o então vice-presidente da República, Michel Temer. Advogado, professor de Direito Constitucional, promotor de Justiça, legislador constitucional, presidente da Câmara dos Deputados. Enfim, não faltava ao vice-presidente conhecimento e sensibilidade para entender o nosso problema e, se fosse o caso, dar a sua percepção quanto ao nosso pleito.

Pois bem, a ideia progrediu. Organizamos uma força-tarefa composta por todos os Sócios mais representativos dos principais escritórios de advocacia do Brasil. Tinha tanta gente importante que pareceu mais seguro nos dirigirmos à Brasília em voos separados.

Lá chegando, fomos recebidos com pompa e circunstância pelo vice-presidente, seu assessor particular e seu general, ajudante de ordens. Convidados acomodados na enorme sala da Vice-Presidência, Michel Temer pede: "Celso, me conte exatamente a situação".

O Celso, totalmente senhor do tema, discorre sobre o assunto. Tem o cuidado e a elegância de tentar introduzir alguns dos vários notáveis presentes na discussão direta. Não adiantava, o vice-presidente queria ouvi-lo.

Isso me chamou atenção. Em meio a tantos notáveis, Michel Temer escolhera seu interlocutor de confiança! No caminho de volta, não deixei de pensar nisso. Qual o segredo do Celso para infundir tanto respeito profissional?

Minha conclusão: preparo, conhecimento, ponderação, cultura, disponibilidade, vibração, humildade e uma grande e descomunal capacidade de ouvir antes de falar.

O projeto foi adiante. Um substitutivo incluído pela Câmara numa MP foi aprovado e a lei seguiu para sansão presidencial. O veto da então presidente, Dilma Rousseff, impediu que a lei fosse promulgada tal como aprovada no Legislativo.

Na minha memória o exemplo vivo de um profissional que sabe, como poucos, transmitir confiança e servir de referência definitiva para seu interlocutor.

Seja pelo magistério, seja pelo exemplo, seja pelo trabalho em conjunto, a verdade é que o Celso tem ensinado a nós todos muito do que sabemos. Só lamento que não tenha me ensinado tudo o que ele sabe...

Talento como Instituição

Um veterano que mantém o brilho nos olhos e a energia dos iniciantes

Fernando Alves Meira

O negócio do Escritório – prestação de serviços jurídicos de alta qualidade – é virtualmente 100% dependente da qualificação e do treinamento das nossas pessoas. São elas que, compartilhando dos mesmos valores, princípios e objetivos, e com seus atributos individuais, nos levam a atingir os resultados coletivos que tanto nos orgulham. Por isso, temos enorme apreço a todos os nossos integrantes e reconhecimento por suas importantes contribuições e legados. Somos extremamente gratos a todos.

Apesar de o Escritório ser uma obra coletiva, construída todos os dias, ao longo de quase oito décadas, com muito esforço, talento e dedicação de nossos integrantes, naturalmente, como ocorre em qualquer equipe, temos aqueles indivíduos que fazem toda diferença, não só pelos profissionais que são, mas muito mais pelas pessoas que são, pelo que representam. São os tais pontos fora da curva, os verdadeiros líderes que nos inspiram e nos iluminam. Celso, indubitavelmente, está no topo dessa categoria há décadas, graças a seu engajamento, talento, sabedoria, foco, dedicação e resiliência invejáveis e incomparáveis.

A primeira vez que ouvi o nome do Celso foi antes da minha entrada em Pinheiro Neto. O meu irmão João havia trabalhado no Escritório e lembro-me dele, logo no início da sua trajetória profissional, conversando com empolgação sobre o trabalho com o meu pai, que também era advogado e nutria um respeito enorme pelo Escritório. Quando indagado sobre quem eram os principais Sócios à época, o meu irmão referiu-se a Celso Mori como o melhor e principal Sócio da Área Contenciosa (me lembro da curiosidade do meu pai para saber se ele, com esse nome, era japonês!).

Depois, quando eu ainda cursava a faculdade de Direito, lembro-me quando o Celso foi participar de uma apresentação para falar sobre a vida e a carreira de advogado. O evento ocorreu em uma daquelas salas de aula solenes da Faculdade de Direito do Largo de São Francisco e ele, com sua postura cativante, simplesmente brilhou. Relatou a sua trajetória, os desafios enfrentados e a visão sobre a importância do Direito no desenvolvimento civilizatório e as oportunidades oferecidas aos bons profissionais. Os alunos ouviram seus relatos com toda a atenção e muita admiração. Certamente ele inspirou, se não todos, a vasta maioria dos presentes, e a imagem do Escritório ficou ainda mais valorizada junto àqueles que tiveram essa oportunidade de conhecer a experiência e as recomendações de um dos principais e mais completos advogados do seu tempo.

A minha vida profissional começou quando ingressei no Escritório, em 1989, como estagiário terceiro-anista, alocado à Área Empresarial, no grupo de outro Sócio que é uma grande referência em Pinheiro Neto e na comunidade jurídica, Antonio Mendes, que à época era o *head* da Área Empresarial – o Celso liderava a Área Contenciosa – e responsável pelas práticas bancária, societária, transações de M&A e transações financeiras estruturadas.

Me lembro que, com frequência, o Mendes ia à sala do Celso para discutir questões jurídicas complexas e avaliar maneiras de estruturar uma solução que melhor atendesse às estratégias e aos objetivos do caso e do cliente. Era um verdadeiro privilégio testemunhar dois grandes advogados atuando em conjunto, cada qual o líder da sua área. O entrosamento entre eles sempre foi digno de nota. Temos vários Sócios que foram desenvolvidos e treinados por ambos. Todos valorizam muito a experiência e os aprendizados acumulados e, sem surpresas, têm uma conduta profissional e traços de comportamento, atitude e principalmente valores e princípios cuja escola de formação é facilmente identificável. Ambos têm uma importância fundamental na trajetória bem sucedida de Pinheiro Neto Advogados.

"Dr. Celso", como os mais jovens o chamam, com todo respeito e deferência, está sempre disponível para se reunir com os advogados e mesmo com os estagiários para esclarecer dúvidas, ensinar e trocar ideias, apesar de sempre estar ocupado e com a agenda cheia (aliás, é assim até hoje). A assistente dele administra pacientemente a agenda e organiza a lista de pessoas que precisam falar com ele com certa urgência e a ordem de chamada. Quase sempre, problemas e mais problemas que precisam de um direcionamento e de um aconselhamento.

O que, na minha vivência, sempre o motivou foram e são os casos complexos, cheios de nuances e desafios, que demandam estratégias sofisticadas e raciocínio apurado. Ele tem o jogo de xadrez em sua mente e consegue ler o tabuleiro com facilidade. É muito perspicaz e rápido no raciocínio. É objetivo, articulado e muito hábil com as palavras utilizadas para defender o seu ponto de vista.

Até hoje, vários de nossos Sócios e associados se consultam frequentemente com o Celso. Cabe a ele escolher os casos em que se envolve e é ele que frequentemente realiza sustentações orais nos tribunais superiores. Quanto mais difícil e complexa é a causa, mais ele se motiva e se dispõe a mergulhar de cabeça no estudo do caso e na busca do melhor encaminhamento. É um excepcional orador e domina a tribuna. Celso sempre tem energia e capacidade de trabalho invejáveis. Atua com o brilho nos olhos e a garra de um advogado idealista em começo de carreira.

No passado não tão distante era comum termos, de tempos em tempos, eventos esportivos para os integrantes do Escritório. Campeonatos de tênis e jogos de futebol. Tanto o Celso quanto o Mendes prestigiavam e participavam com entusiasmo. Mendes era bom no tênis, Celso no futebol. Para nós, advogados no início da carreira, era uma oportunidade única de estarmos mais próximos aos nossos "medalhões", falarmos de temas leves e nos divertirmos fora do ambiente de trabalho.

Um aspecto que vale mencionar é que o Celso, na minha experiência, também sempre foi um bom conselheiro em questões pessoais e familiares. Ele traz equilíbrio, razão e bom senso. É a voz da experiência. Já viu muito e pode sempre ajudar a trazer racionalidade e solucionar questões aparentemente sem solução. Até por isso, vários de nós efetivamente desenvolveram uma relação de confiança e amizade com ele. Eu certamente me incluo nesse grupo.

Depois de me tornar Sócio do Escritório, em janeiro de 2000, é que passei a ter maior convivência com Celso. No contexto profissional, buscando cada vez mais apoio e *brainstorming* sobre questões e problemas trazidos a nós por nossos clientes, e, no contexto pessoal, discutindo temas e questões administrativas do Escritório, assuntos referentes ao relacionamento dos Sócios com a *partnership*, e conversando sobre temas gerais e de afinidade em almoços informais (entre os quais, com frequência, o panorama político nacional e os desafios para conseguirmos ter uma nação mais desenvolvida e mais justa).

No Escritório, até hoje, temos almoços e reuniões de Sócios todas as segundas-feiras. Me lembro vividamente dos almoços na sala de banquetes do Jóquei Clube na Rua Boa Vista, no prédio vizinho ao do nosso Escritório, antes da mudança para o prédio atual na Marginal Pinheiros. Nessas ocasiões, os Sócios sêniores tinham maior protagonismo e lideravam as discussões. O ambiente era solene e formal. A presença do Pinheiro, Sócio-fundador, impunha um ambiente mais cerimonioso. Celso sempre foi muito eloquente, elegante e articulado. Quando as discussões subiam de temperatura, cabia, na maioria das vezes, a ele apaziguar os ânimos e apresentar e encaminhar uma solução equilibrada que atendesse ao melhor interesse do Escritório. Até hoje, Celso participa ativamente das nossas discussões e traz uma visão estratégica e histórica. Trata todos os Sócios com muito respeito e atenção, independentemente da faixa etária. Gosta do bom debate de ideias. Com tudo isso, tem o maior respeito e conseguiu o que muitos poucos conseguem, que é ser uma unanimidade.

Nas nossas reuniões anuais de Sócios, eram Pinheiro, Clemencia Wolthers, Mendes e o próprio Celso que lideravam os trabalhos quando me tornei Sócio. Atualmente é Alexandre Bertoldi, que, vale dizer, iniciou a sua carreira na direção do Escritório atuando em conjunto com os quatro.

A liderança do Celso sempre se impôs como resultado de sua inteligência, cultura, educação, atitude e leveza. Sempre trabalhou com muita garra e ânimo. É contagiante ver o quanto ele ama o que faz. Se desafia constantemente. Tem muita curiosidade. Tem bom papo. É um otimista. Acredita no potencial das pessoas. Aposta no Brasil. Tem resposta para tudo. Gosta do convívio com pessoas.

Com tantos atributos e realizações, coube ao Celso, em determinado momento de sua carreira vitoriosa, assumir a gestão da Firma, com grandes e importantes contribuições e aperfeiçoamentos. Dentre tantos feitos, foi ele quem redigiu nosso pacto social, que é o contrato que regula o relacionamento dos Sócios com a sociedade. Não é exagero afirmar que Celso foi de fundamental importância para manter o Escritório unido, perseguindo os mesmos ideais de ética, qualidade e constante desenvolvimento e evolução ao longo desses quase 80 anos de vida de Pinheiro Neto Advogados.

Celso tem vasto repertório, muito além do Direito. Sei que gosta de esportes, viagens, política, cavalos, boa culinária, vida acadêmica e temas relacionados à melhoria da nossa cidade, como o projeto desafiador de renovação do Rio Pinheiros. Tem muitos amigos e, além de tudo, curte muito a família e o convívio familiar.

Por tudo isso, acredito que é insubstituível. É um craque. Um ícone para todos nós. Sinto que, infelizmente, cada vez mais temos carência de pessoas que realmente nos inspirem e que sejam verdadeiros *role models*. Que agem com correção, humildade e buscam justiça sempre. Que fazem o que é certo e que nos dão orgulho. Que são acessíveis e verdadeiras. Por isso, ele merece todas as nossas sinceras homenagens.

O Escritório e a nossa sociedade só têm a agradecer ao Celso. Torço para que ele fique muito feliz, rememore eventos e se divirta com esse livro de registros da sua convivência com vários de nós ao longo dos anos. E, acima de tudo, que continue a nos dar o prazer e o privilégio de desfrutarmos sua sabedoria, experiência e amizade por muitos anos vindouros. A idade de aposentadoria compulsória no nosso Escritório é de 65 anos. Apenas em casos excepcionalíssimos é que temos alguma exceção. No caso de Celso, brincamos que ele não terá escolha. Só deixaremos ele sair aos 100 anos! Celso, muito obrigado por tudo.

Eleganter Celsus

Lições de um grande mestre para além da profissão

Marcelo Avancini Neto

Maio de 1983, centro de São Paulo. Recomendado por Sidnei Beneti, meu padrinho de crisma e primo da minha mãe, ainda em "trajes civis" e passos ansiosos, fui da Faculdade de Direito do Largo de São Francisco, onde cursava o 2º ano, à Rua Boa Vista, 254. Sidnei me orientou a procurar o Dr. Celso Cintra Mori, seu colega e amigo dos tempos de faculdade, já festejado advogado da maior e melhor banca de advogados do Brasil.

Naquela época, Celso era o único Sócio do então chamado Setor Contencioso de Pinheiro Neto Advogados; no total, a Área não contava com mais do que uma dúzia de profissionais, incluindo advogados, estagiários e secretária.

Subi ao 9º andar, um dos dois andares então ocupados pelo Escritório no Edifício Clemente de Farias, esse andar totalmente dedicado à área jurídica. Na Recepção, comandada por Madalena e Ilda, destacavam-se os quadros com os nomes dos advogados da Firma, Sócios de um lado e associados de outro. Ali pude ver, pelos breves minutos em que lá fiquei, que meu interlocutor ocupava posição de destaque nas colunas do quadro à minha esquerda, o dos Sócios, o que só fez aumentar minha ansiedade.

De lá, fui encaminhado a uma sala no 8º andar, próxima à escada, que Celso e Antonio Mendes dividiam em caráter provisório. Naquela época, o Escritório ainda vivia o rescaldo do incêndio ocorrido no final do ano anterior, que havia atingido e danificado boa parte de suas instalações.

Eu, com 19 anos. Dr. Celso Mori, com o dobro da minha idade. Contou-me dos tempos de faculdade, de sua boa relação com meu padrinho e de como funcionava o Escritório. Conversa rápida, mas que ao mesmo tempo me acalmou e cativou pela simpatia e simplicidade daquele personagem que, naquele momento, ganhava ares humanos para mim.

Não sei se como fruto daquela rápida conversa ou por gentileza ao meu padrinho, o fato é que Celso me deu as chaves para que, em 26 de maio de 1983, eu abrisse as portas da minha carreira profissional. Virei MAV – no Escritório, todos os advogados ganham uma sigla de três letras como identidade corporativa – dali em diante e minha vida nunca mais foi a mesma.

Somente após minha contratação pelo Escritório, soube, pelo próprio Celso, que seu primeiro cliente havia sido meu pai, numa questão imobiliária no final da década de 1960. Naquela época, Celso ainda não era CCM e MAV era um pirralho que começava a se alfabetizar no Colégio Dante Alighieri. Bem possível, então, que nosso primeiro encontro não tenha sido aquele em 1983 na Rua Boa Vista.

Trabalhei para e com o Celso por 36 anos, dos quais 23 como Sócio. Como estagiário, advogado associado e Sócio, tivemos uma harmoniosa e, para mim, frutífera convivência em muitos, mas muitos casos. Também tive a boa e grata experiência de, com o Celso, participar dos diversos órgãos de gestão da Firma, entre eles o Comitê Diretivo, as Comissões de Sócios e a Coordenação da Área Contenciosa. Abreviei minha passagem pelo Escritório em 2018, não sem antes comunicá-lo em primeira mão e me aconselhar com ele por diversas vezes. Ouvi, emocionado e com a sensação de dever cumprido, seu pedido para que eu reconsiderasse minha decisão. Se, em todos aqueles anos em que exerci a advocacia, procurei mirar suas virtudes profissionais, os valores pessoais desse grande advogado, e mentor da minha carreira, levarei por toda minha vida.

Antes de conhecê-lo, fazia uma imagem completamente diferente do meu primeiro interlocutor no Escritório. Quando pela primeira vez ouvi o nome da pessoa a quem deveria procurar no Escritório, imaginei que o Dr. Mori fosse de origem asiática.

Naquele momento, em que desconhecia o mundo da advocacia, as referências a "Mori", para mim, eram todas relacionadas ao Japão, indo da casa de sushi à escola de natação.

Para minha surpresa, descobri que o Mori do Celso era de origem italiana. Como eu! Ou nem tanto... Esse Mori, a quem eu fui apresentado e com quem convivi por tantos anos, era um italiano diferente. Ao menos diferente daqueles que eu conhecia até então, fossem os da minha família, ou aqueles do Colégio Dante Alighieri, todos italianos nervosos, de fala alta, explosivos e irritadiços.

Esse Mori era um italiano tranquilo, de voz mansa e grave que, mesmo nos momentos mais difíceis de nossos casos mais intrincados, vinha me tranquilizar. "Calma, Marcelo!", acho que foi das frases que mais ouvi dele ao longo da minha trajetória na Firma. "Celso, essa decisão é absurda!!!"; "Calma, Marcelo, ainda temos tempo para rever". "Celso, esse caso vai demorar uma eternidade!"; "Calma, Marcelo, vai terminar e bem; é só ter paciência". "Calma...".

Aquele italiano de alma oriental me deu paz em momentos de terror da profissão, que não foram poucos.

Numa festa de família já há muitos anos, Sidnei me mostrou seu álbum de faculdade. Lembranças de sua vida acadêmica em um período tumultuado de nossa história. Sidnei e Celso viveram provavelmente os dias mais difíceis para um estudante de Direito nas Arcadas, entre 1964 e 1968.

Entre as várias fotos que eu percorria com muita curiosidade e por já estar trabalhando no Escritório, chamou-me atenção a elegância de um jovem Celso Mori, trajado em impecável uniforme de ginástica da Atlética do XI de Agosto. *Eleganter Celsus*, rapidamente emendou Sidnei com um sorriso no rosto. Tratava-se de um chiste acadêmico, usado de forma espirituosa pelos contemporâneos de faculdade para se referir ao Celso. A expressão dos tempos de faculdade, tirada de uma citação de Ulpiano no Digesto (*ut **eleganter Celsus** definit, jus est ars boni et aequi*[1]), para mim encaixava-se perfeitamente no modo como Celso exerceu e continua exercendo a profissão.

Não estou aqui pretendendo invocar a elegância em sua acepção estética, mas a elegância como forma de pautar o comportamento profissional. E o "Elegante Celso" se revela na simplicidade do trato fácil, na forma como ele dedica sua atenção tanto ao estagiário, como ao Sócio. Elegância na forma simples de se comunicar ou na difícil arte de aparar arestas, compor conflitos internos e de manifestar suas opiniões, por mais duras que sejam. Elegância na forma de exercer e de se desapegar do poder.

Orador da Turma de 1968 da Faculdade de Direito, Celso era e continua sendo – pois ninguém ousa usurpar-lhe o cargo – o orador oficial das grandes comemorações do Escritório. Ele tem o dom de prender a atenção do mais disperso ouvinte, assim como de transmudar situações, de desesperadoras a memoráveis, como em uma fatídica festa de Sócios no interior de São Paulo. Em meio ao calor senegalês daquele verão, Celso discursou em um salão minúsculo sem refrigeração para uma multidão que ali se aglomerava e que de lá queria sair o mais rapidamente possível.

Em uma frase, abrindo o discurso e tentando acalmar a horda, sedenta e suada, desarmou a todos com uma expressão que já entrou para os anais das festividades do Escritório: "Suado é mais gostoso!". Com forte presença de espírito e humor, dissuadiu-nos da debandada e ninguém mais notou a canícula.

Mas como elegância também tem seu viés estético, não há como negar que a beca cai muito bem ao Celso. A mais pura elegância nas sustentações orais! Disso sou testemunha ocular em inúmeras de suas defesas orais que presenciei, uma delas em particular no Recife.

1 Como Celso elegantemente define, o Direito é a arte do bem e do equitativo.

Sabemos das pautas sobrecarregadas de nossos Tribunais, mas a oportunidade de ouvi-lo era saboreada, com muita atenção, por desembargadores e ministros que o conheciam. Nesse caso emblemático que conduzimos juntos por mais de 24 anos, e que ao que sei ainda não terminou ("Calma, Marcelo!"), vi Celso encaminhar-se pela primeira vez à tribuna do Tribunal de Justiça de Pernambuco diante de desembargadores dispersos, ansiosos pelo tempo e pouco atentos ao lado oposto da sala, certamente por não conhecerem quem se preparava para discursar.

Com suas primeiras palavras, Celso trouxe todas as luzes da sala para seu púlpito e, com elas, o ouvido atento dos julgadores admirados e surpreendidos por sua voz potente e gestual hipnotizante. Nunca mais vou esquecer daquela cena em que o distraído se tornou atento, mas que provavelmente passou despercebida de nosso personagem, já em plena catarse emocional.

Elegância demonstrada nos momentos mais improváveis, entre eles uma reunião abrasiva no Distrito Federal, envolvendo uma das primeiras investigações antidumping no Brasil, no começo dos anos 1990. Sala lotada, a reunião havia sido convocada pelos maiores produtores de coco do Brasil, sentindo-se prejudicados com as importações de coco provenientes do sudeste asiático. Reunião tensa, em que um importante político do país, ele também grande produtor rural, abruptamente cortou a fala do Celso, que ponderava sobre os aspectos legais do procedimento. Mais uma vez, a postura elegante do Celso, que não se abalou com o golpe e continuou exercendo seu digno papel de advogado, permitiu que a reunião seguisse sua pauta e fez com que o inoportuno perdesse não só a razão, como talvez os votos que, tanto eu como Celso, poderíamos lhe ter dado em uma futura e eventual eleição, já que éramos, ambos, simpatizantes do partido e de seus principais dirigentes.

Pessoalmente, fui agraciado pelo *Eleganter Celsus* com um gesto de generosidade que jamais esquecerei. Em 2004, fui nomeado pelo próprio Celso para compor a Comissão Imobiliária, que teria por principal atribuição a gestão dos diversos imóveis que o Escritório, como proprietário e inquilino, ocupava tanto em São Paulo, como no Rio de Janeiro e em Brasília. Logo na primeira reunião da Comissão, manifestei aos demais integrantes do colegiado minha intenção, não apenas de cumprir as atribuições que nos haviam sido dadas, como também de levar adiante um projeto de mudança de nossas instalações, tirando o Escritório do centro de São Paulo, onde estávamos desde 1942. Celso e eu tínhamos posições antagônicas sobre esse delicado tema. Talvez nosso principal embate, senão único, em tantos anos de boa e pacífica convivência.

Depois de muitos levantamentos numéricos, trabalho de convencimento e prospecção, finalmente decidimos pela mudança de nossa sede em Assembleia de Sócios realizada no final de 2005. Nossa mudança, em junho de 2006, foi repleta de festividades; todos estávamos, naquele momento, no mesmo barco! Celso, já há muito convencido de que havíamos tomado a melhor decisão, fez mais uma vez um belíssimo e emocionante discurso próximo às margens do Rio Pinheiros. Com extrema generosidade, pegou-me de surpresa ao dar-me a oportunidade de descerrar a placa de bronze, dando nome ao edifício em homenagem ao nosso fundador: Ed. José Martins Pinheiro Neto! Mais uma vez, elegância do verdadeiro líder! *Eleganter Celsus*!

Outras das inumeráveis qualidades que vejo em Celso são sua versatilidade profissional e sua resistência em não se especializar no Direito. Sempre admirei esse seu perfil, cada vez mais raro em nossa profissão: o advogado que "sabe de tudo", o conselheiro para todas as horas.

Desde estagiário, brigava por um lugar na fila para falar-lhe. Suas secretárias, Marta e Celia, eram um anteparo entre o mundo das dúvidas e o das soluções. O caminho para a busca do melhor aconselhamento era árduo. Não apenas para mim e para os advogados da minha área, mas também para os das outras áreas de especialização do Escritório, que peregrinavam à sua sala diariamente em busca de luzes para suas aflições.

Versátil, Celso é da geração daqueles advogados com ampla cultura clássica e formação humanista. Transita, com facilidade e profundidade, por temas de várias ordens, de Filosofia a Sociologia, de Economia a História. Cita provérbios e frases de efeito com absoluta naturalidade e, com perfeição, encaixa analogias e metáforas em seus discursos e arrazoados. Fala com a propriedade de quem jamais será desafiado. Não mais se vê advogado assim nas novas gerações. Uma pena!

De processo civil aos crimes de colarinho branco, Celso domina um amplo espectro do nosso Direito e foi naturalmente alçado a *trusted advisor* do Escritório, a quem todos recorrem no momento de aperto ou de dúvidas, seja qual for a origem ou a natureza de uma questão intrincada. Depois de tantos anos de atuação profissional, ainda manifesta disposição de adolescente para novos desafios intelectuais, seja defendendo as Águas Claras do Rio Pinheiros, seja estudando uma nova abordagem para o nosso sistema prisional. Invejável essa sua incansável sede de Direito!

Três, entre outras tantas, razões para admirar o Celso: sua calma, sua elegância e sua versatilidade foram marcantes para mim. Virtudes cada vez mais raras em nossa profissão, mas que afloram, de modo exuberante, nesse exemplo de advogado e ser humano. Obrigado, Celso, por ter me deixado fazer parte dessa história!

Primus inter pares

Sobre alguém capaz de realizar a existência humana como um conceito ou ideal

João Luis Aguiar de Medeiros

Soube que Pinheiro Neto, por iniciativa de um querido amigo, resolveu em boa hora registrar as experiências e sentimentos que vários de nós tivemos ao convivermos profissionalmente com Celso Cintra Mori, *primus inter pares* de nossa profissão, que, para a nossa alegria e fortuna – no sentido clássico da palavra –, trabalha no Escritório há 50 anos. Não mais pertenço aos quadros de Pinheiro Neto, mas tomei a liberdade de me convidar a fazer alguns registros a respeito, com alguma pretensão e muito orgulho. A pretensão é a de estar à altura da tarefa incomum a quem escreve esse tipo de texto, que é a de falar do outro e não de si mesmo, pois são as virtudes do homenageado que se quer registrar, para o bem das próximas gerações. Orgulho por ter podido conviver profissionalmente com o Celso, sempre nas mais delicadas, sensíveis e difíceis situações.

Não me anima registrar soluções jurídicas encontradas para casos específicos sob pena de ser impreciso. Os arquivos do Escritório cumprem muito melhor esse papel informativo. De minha parte, o que me parece mais relevante é registrar as impressões que ficaram do convívio profissional, que junto com as peças processuais e opiniões legais que constam em vários registros públicos, poderão contribuir para o futuro. Impressões estas que convergiram para o reconhecimento das virtudes profissionais do homenageado.

Dito isso, começo do início. Talvez a primeira experiência profissional que tive com Celso decorreu de sua revisão a uma contestação que fiz envolvendo um caso de suposto abuso moral e físico alegadamente sofrido por uma senhora em um hipermercado, que deu origem a uma ação civil de danos materiais e morais. Guardei desse encontro, na verdade uma conversa telefônica, porque eu trabalhava no Rio, uma lição simples e inesquecível:

se não souber empregar corretamente a palavra, busque a ajuda sempre eficaz de um dicionário, a que Celso recomendou servir-me ao notar como eu escrevera a palavra empecilho. Se simplesmente tivesse corrigido a palavra eu correria o risco de errar sua grafia novamente em futura oportunidade, o que não veio a ocorrer dada a elegante, mas de certo modo humilhante, recomendação, de todo merecida.

Anos mais tarde, eu já na condição de Sócio, trabalhamos juntos em um caso escalafobético em que uma rescisão contratual, na verdade de três contratos correlatos e amalgamados, resultou na condenação de um cliente nosso em US$ 26 milhões. Isso há mais de 20 anos. O pagamento do valor implicaria na falência da empresa, uma das maiores e mais famosas no ramo de calçados esportivos. A demanda envolvia questões de Direito Societário, Propriedade Intelectual, Direito Civil e Comercial e, mais que tudo isso, algumas práticas bem arrojadas dos litigantes.

A pressão era enorme, pois, em uma das sessões de julgamento, o revisor, inovando, suscitou uma questão de ofício não prevista no regimento, votando pelo não conhecimento da nossa apelação por entender que a procuração do nosso cliente não teria satisfeito os requisitos de validade e eficácia por faltar o reconhecimento de firma da assinatura do cônsul que consularizara a procuração. Passamos uma manhã e algumas tardes para reverter essa situação inacreditável, o que finalmente conseguimos pelo voto da maioria da Câmara.

Talvez nesse momento eu tenha aprendido uma segunda lição, igualmente relevante, por meio de um comentário que, dias após, Celso fez a gentileza de comigo compartilhar: contornada a tragédia, disse-me ele que nada melhor do que passar a noite inteira dançando, o que aparentemente teria feito ao chegar em São Paulo. Ainda por ocasião das idas e vindas desse caso, ouvi uma terceira lição igualmente inesquecível. Quando lhe perguntei se ele gostaria de conversar, pela segunda ou terceira vez com um dos desembargadores – ele havia comparecido a todas as outras rodadas – ouvi a seguinte recomendação: "Respira fundo, segura na mão de Deus, e vai". E finalmente, ao obtermos excelente decisão no caso, que terminou em acordo, dele ouvi uma derradeira pérola, igualmente utilíssima. Ao saber que eu iria me encontrar com os mesmos desembargadores, em função de outro processo, advertiu-me para o seguinte: "Voto não se agradece, mas qualidade jurídica do seu prolator se enaltece".

Quando falamos das virtudes de um profissional estamos falando de muito mais coisa do que de suas qualidades técnicas, as quais costumam ser exaltadas ou enfatizadas como se fossem representativas da virtude em si, do bem em si, mas não o são. Esforço, empenho, habilidade, conhecimento específico, resistência, resiliência, são essenciais mas não o suficiente. É necessário algo mais pois "aqui e ali surge entre nós alguém que realiza exemplarmente a existência humana e corporifica o que em geral só nos é dado conhecer como conceito ou ideal", nas palavras de Hannah Arendt, em discurso de homenagem a seu amigo filósofo Karl Jasper, mas que parecem dirigidas ao nosso amigo Celso Mori.

E talvez a chave para explicar esse tipo de fenômeno, de surgir alguém capaz de realizar sua existência humana como um conceito ou um ideal, o conceito e o ideal que todos temos de um advogado exemplar, completo e incomparável, esteja nas palavras de outro filósofo, bem mais antigo. Sócrates dizia que não devemos perder tempo discutindo entre ser e parecer ser, entre essência e aparência. Contra-intuitivamente, sua recomendação era simples: se você quer parecer aos demais como provido de uma determinada essência, aja como se a tivesse, porque assim você necessariamente a adquirirá e todos a reconhecerão.

Trocando em miúdos, e aqui recorro a outro pensador mais contemporâneo: faça de sua vida e de sua profissão uma obra de arte, porque assim você se tornará um artista, e não precisará trabalhar mais um dia sequer na vida. Celso parece ter realizado aquela misteriosa sugestão do filósofo alemão (Nietzsche), em sua alegoria do anjo diabólico, segundo a qual somente deveríamos fazer aquilo que aceitássemos realizar, por todos os instantes da nossa vida, sem enlouquecermos com a ideia.

Celso certamente teve esse encontro com a advocacia de modo tal a ungir uma relação indissociável entre ele e a profissão, ou atividade em si. A advocacia continuaria a existir sem ele, mas em um patamar moral inferior. E, afinal, não há nada mais belo do que a ordem cósmica sobre a nossa cabeça, somente a lei moral dentro dela, como ensinou Kant.

Parabéns ao Pinheiro por ter contratado o Celso há 50 anos, ao Escritório por ter-lhe oferecido condições de exercer e realizar toda a sua potencialidade e a ele próprio por não ter fugido ao seu destino, o de ser o mais completo advogado que vimos atuar, possivelmente por saber, como os gregos, que ou bem se aceita o destino ou o nosso destino nos arrasta. Em meu nome, e acho que no nome de todos os da minha geração e dos mais jovens também, só posso é agradecer ao Celso pela generosidade e companheirismo, virtudes tão raras por serem altruístas, em um mundo cada vez mais egoísta.

A orquesta e o maestro

Um bom regente é aquele que sabe inspirar seus músicos

Gilberto Giusti

Almoço Musical

Naquele 4 de janeiro de 1995, quarta-feira, deixei minha sala no 10º andar do Edifício Clemente de Faria, no número 254 da Rua Boa Vista, Centro, para almoçar no 9º andar do prédio ao lado, onde por décadas funcionava – e funcionou até há alguns anos – a sede social do Jockey Club de São Paulo. Esse era o ritual de todas as segundas e quartas-feiras, dias em que eram realizados os "almoços de Sócios" de Pinheiro Neto Advogados, onde eu ingressara treze anos antes e, há dois, era Sócio.

Às segundas, reuniam-se todas as Sócias e Sócios do Escritório de São Paulo, geralmente com a presença do Antonio Carlos Gonçalves, Sócio que coordenava o Escritório de Brasília, e do José Martins Pinheiro – o Zuca – que coordenava o Escritório do Rio de Janeiro. Em poucas, mas muito agradáveis ocasiões, tínhamos a presença do Anthony Clare, Sócio responsável pelo Escritório de Londres.

Na liderança dos almoços, claro, tínhamos o privilégio de ter o Sócio-fundador, José Martins Pinheiro Neto, o "Dr. Pinheiro"; ou melhor, "o Pinheiro", como ele exigia que todos os Sócios, mesmo aqueles novinhos como eu na ocasião, o chamassem (como foi difícil passar a tratá-lo de "você"!). Às quartas-feiras, os almoços de Sócios eram "por Áreas": Empresarial, Contencioso e Tributário-Trabalhista (esta, posteriormente, dividida em duas).

Os almoços do Empresarial, sob a liderança de Antonio Mendes, eram realizados na mesma sala de banquetes do Jockey que abrigava os almoços gerais do início da semana, já que era, de longe, a Área com o maior número de Sócios (algo como 70% entre eles). Os almoços do Tributário-Trabalhista, sob a liderança de Aleksas Juocys e Antonio Peres Picolomini, eram realizados na sala privada "maior" do restaurante do Jockey, já que havia um bom número de Sócios que integravam aquele setor. Finalmente, os almoços do Contencioso, sob a liderança de Celso Cintra Mori, eram realizados na sala privada "menor" do restaurante do Jockey, mais conhecida como "saleta" pelo seu tamanho reduzido, que abrigava uma mesa redonda para oito pessoas, mas que, com boa vontade, comportava dez.

Foi essa saleta que adentrei naquela primeira quarta-feira de 1995, para mais um almoço de Sócios do Contencioso. Na ocasião, a Área contava com oito Sócios, dos quais três estavam em férias. Éramos, portanto, cinco Sócios naquele início de tarde para retomar, acreditava eu, as discussões sobre a iminente entrada em vigor da reforma do então Código de Processo Civil, promulgada três semanas por meio da Lei nº 8.952, de 13.12.1994.

Iniciamos o almoço, como era de costume, com amenidades próprias de um grupo de colegas unidos por um propósito comum de desenvolvimento pessoal e profissional em um Escritório que era parte importantíssima de nossas vidas (como ainda o é para quatro – daquele grupo de oito – que seguem até hoje como Sócios de Pinheiro Neto Advogados). Nesse momento, um dos presentes comentou ter assistido fazia pouco tempo a um concerto, tecendo altos elogios à performance da orquestra. Com seu impecável senso de oportunidade e brilhante raciocínio, nosso Coordenador Celso Cintra Mori, "o Celso", logo captou a ideia da orquestra para discorrer acerca da importância da unicidade e da harmonia, do respeito à partitura, da maestria na condução e do engajamento de todos para se alcançar, em qualquer seara, o resultado arrebatador narrado por nosso colega a propósito do concerto a que assistira.

A partir de então, a conversa foi toda sobre música clássica, músicos, instrumentos, afinação, virtuose coletiva, fazendo daquele um dos almoços de Sócios do Contencioso mais inesquecíveis de que já participei nessas quase três décadas de sociedade.

A reforma do CPC, claro, saiu da pauta do almoço sem que ninguém se desse conta.

Celso conduziu a conversa com a maestria dos que dominam o uso das metáforas e logo estávamos visualizando o Escritório como se uma orquestra fosse, um organismo vivo e dinâmico em que regras e criatividade convivem em plena harmonia. Ao final daquele dia, a surpresa: Celso enviou a todos os Sócios um memorando interno – doravante "Memorando" – com o relato do almoço musical, registrando memoráveis reflexões a partir da metáfora com a qual havíamos nos divertido mais cedo na saleta do Jockey.

Recentemente, tive a alegria de resgatar uma cópia do Memorando. Vou contar com a benevolência do Celso para não me puxar demasiadamente a orelha por trazer a lume a existência desse delicioso texto, do qual vou me permitir extrair, a seguir, alguns trechos que destacam os cinco fatores que garantem o sucesso do trabalho concertado e harmônico: unicidade, conhecimento, humildade, partitura e maestria. Todos eles, como se verá, praticados e transferidos às novas gerações por Celso.

Unicidade

A unicidade, não apenas no sentido de ser único, mas também de ser unido, sempre foi uma preocupação do Pinheiro, que discorria muito sobre nossa "cultura uniforme". Não há Sócio, porém, que até hoje tenha representado e represente tanto a unicidade e a unidade do Escritório como o Celso, que assim se expressou no Memorando:

> *"A primeira qualidade de toda boa orquestra, inegavelmente, é a unicidade. O que todo mundo invariavelmente comenta ao final dos grandes espetáculos, e é notado até mesmo pelo ouvinte menos iniciado na arte da música, é aquela sensação de que dezenas de instrumentos, todos os instrumentos, produzem um som uniforme como se fossem os acordes de um único e magnífico instrumento".*

Desde os arrebatadores discursos nos momentos mais significativos da história do Escritório até a revisão cuidadosa das teses, estratégias, opiniões e recomendações, Celso personificou e personifica a "cultura uniforme" de que o Pinheiro falava desde o início e que hoje se encontra expressa nas Crenças (transparência, pluralidade e colaboração) e Valores (ética, lealdade, diligência, confidencialidade, igualdade e diversidade) de Pinheiro Neto Advogados.

A atuação do Celso em momentos críticos sempre transmitiu a todos os integrantes essa indispensável sensação de unicidade, nos tropeços e nas conquistas. Em 1996, por exemplo, a música pareceu desandar para mim diante de uma derrota processual inusitada e suspeitíssima, em um caso extremamente relevante que estava sob minha responsabilidade. Celso, então, atuou como um spalla e recuperou a afinação da orquestra, que seguiu tocando até que, anos depois, com a colaboração inestimável de outros instrumentistas, aquela decisão – que exigiu até atuação correcional – foi finalmente neutralizada.

A unicidade, enfim, é marca do Escritório. Em 2002, Ignácio de Loyola Brandão, no livro Pinheiro Neto Advogados 60 Anos (Editora Dezembro), assim se expressou: "O espírito geral é de coesão e isso ajuda na expansão, um vai transmitindo ao outro. Isso faz de Pinheiro Neto Advogados uma empresa de cultura sólida e uniforme. Ali não se dá o encontro circunstancial de pessoas praticando advocacia, todos cantam o mesmo hino".

Pois seja uma obra popular, uma ópera ou mesmo um hino o que essa orquestra execute, o fato é que, há mais de quatro décadas, Celso é referência, em Pinheiro Neto Advogados, desse resultado final que emana como "acordes de um único e magnífico instrumento".

Conhecimento

A unicidade não é fruto apenas da união, mas também do conhecimento, como bem registra Celso no Memorando:

> *"É preciso que todos os integrantes da orquestra conheçam música. Não basta ser um prático, que de tanto errar aprendeu a tocar de ouvido. É preciso ter os conhecimentos básicos da teoria musical. É indispensável cultivar esse conhecimento, a ponto não apenas de tocar o próprio instrumento, seguindo fielmente a partitura, mas também de ter as noções fundamentais sobre os instrumentos dos outros e poder atuar segundo uma visão de conjunto".*

Celso sempre foi um incentivador do conhecimento e do aprimoramento técnico. Quando ingressei em Pinheiro Neto Advogados, no início dos anos 1980, das três grandes "Áreas" acima descritas, o "Contencioso" (cível e comercial, já que as questões tributárias e trabalhistas eram cuidadas pela Área própria e as penais eram terceirizadas) era a menor do Escritório, com apenas dois Sócios. A Área cresceu significativamente ao longo dos anos, não apenas pela dinâmica do mercado que passou a exigir uma prática contenciosa mais robusta nos escritórios de advocacia, mas também, em grande medida, pelo incentivo de Celso ao estudo, ao conhecimento e à prática para muito além dos limites do processo civil.

Estudioso, curioso e atento a todas as alterações pelas quais passou a advocacia no Brasil e no mundo nos últimos 40 anos, Celso sempre se manteve e se mantém atualizado em praticamente todas as áreas do Direito em que o Escritório atua. Virtuoso no instrumento de que é titular, o Direito civil e o processo civil, Celso é o músico que reconhecidamente detém noções e/ou verdadeiro conhecimento sobre os demais instrumentos que compõem a orquestra Pinheiro Neto Advogados.

Essa vontade de conhecimento e interesse pelo conjunto, aliada à percepção de que mesmo uma orquestra bem montada pode sempre abrir espaço para novos instrumentos, foi determinante para que algumas barreiras históricas fossem superadas, como a atuação de Pinheiro Neto, hoje consagrada e abrigada no Contencioso, nas áreas penal, falimentar e de reestruturação em geral. Por fim, mas não menos importante, a visão crítica do Celso no campo da pacificação e resolução dos conflitos, sempre aberta a novos institutos como a arbitragem e o negócio jurídico processual, por exemplo, é um estímulo aos mais jovens a pensar o Direito como organismo dinâmico e desafiador e o processo, em particular, como instrumento de eficiência.

Humildade

Cortesia, consideração, reconhecimento, desprendimento e fidalguia são qualidades que invariavelmente surgem em qualquer conversa em que se faça referência ao Celso. Como nos esclarece o Memorando:

> *"Para tocar em uma orquestra não se dispensa uma boa dose de humildade. Equilibram-se o orgulho de fazer bem feito, a vaidade de se sentir útil e importante para o conjunto, com a capacidade de dividir as palmas. Ainda que possa haver um ou outro fugaz momento de solo, a orquestra atrai e cativa o público pelo que seja capaz de produzir como um todo. Cada um é responsável pelo som do instrumento que toca. Mas, ao mesmo tempo, todos são responsáveis pelo som total daquele corpo orgânico".*

O culto à própria personalidade nunca fez parte da "cultura uniforme" de Pinheiro Neto Advogados. O próprio Pinheiro, aliás, não tolerava o excesso de vaidade e o que chamava de "estrelismo". Sabia perfeitamente, claro, a importância de cada instrumentista e, ainda que de forma bastante econômica por assim dizer, reconhecia-lhes o mérito individual quando apropriado.

No livro comemorativo do 60º aniversário do Escritório de que se falou anteriormente, Ignácio de Loyola Brandão reproduziu literalmente o que ouviu do Pinheiro a esse respeito: "Não gosto de prima-donas ou estrelas. É muito melhor, para o Escritório, ter gente de primeira qualidade, todos convencidos de que o trabalho é de equipe, uns ajudando os outros para obter excelência no que fazem. Num trabalho de equipe, prima-donas, heróis ou estrelas não têm lugar. Juntos, valemos muito. Sozinhos, nada".

Até hoje, Celso é o Sócio que mais representa esse pensamento, já que ele próprio, reconhecidamente um dos mais brilhantes advogados "de contencioso" em atividade no país, jamais chegou perto de se portar como qualquer dessas figuras descritas pelo Pinheiro. Pelo contrário, sempre com a "boa dose de humildade" de que nos fala no Memorando, Celso é o maior exemplo – ajustando-se aqui o conhecido exagero poético de linguagem do Pinheiro – de que "juntos, valemos muito mais do que sozinhos".

Partitura

Reforçando a ideia de que "não basta ser um prático, que de tanto errar aprendeu a tocar de ouvido", Celso nos lembra, no Memorando, da extrema importância da baliza que dá aos instrumentistas o caminho a seguir:

> *"O elemento de integração preponderante é, sem dúvida, a partitura. Todos os músicos da orquestra precisam estar lendo a mesma partitura. A partitura é como uma cartilha, indicando onde se quer chegar, que meios utilizar e que caminhos percorrer. A partitura é a condição fundamental da unicidade da execução musical".*

A partitura, sem a qual o concerto seria um desconcerto, sempre esteve, de fato, nas preocupações do Celso nas infindáveis conversas, revisões, conselhos, orientações e verdadeiras aulas que proporcionou e segue proporcionando a todos os integrantes do Escritório. Conhecer as leis, normas, regulamentos e demais expressões do Direito positivado é o básico que se espera de todo e qualquer advogado, e Celso, pelo seu inesgotável interesse e sempre jovial curiosidade, é o exemplo do conhecimento profundo do repertório jurídico que cotidianamente pratica (tocar o próprio instrumento) e do conhecimento geral sobre os demais repertórios que compõem o universo do Direito (noções fundamentais sobre os instrumentos dos outros).

Mas, para além das leis, códigos e regulamentos, a partitura do Direito abrange a postura e o comportamento do profissional, seja perante os clientes, colegas, parceiros e colaboradores, seja perante a própria sociedade. E é aqui que entra a já referida "cultura uniforme" de Pinheiro Neto Advogados, verdadeira cartilha – para usar o termo adotado pelo Celso no Memorando – que a todos une e orienta. Celso tem sido, ao longo dos anos, verdadeiro guardião dessa cartilha. Uma das razões, como visto, é seu conhecimento dos mais variados instrumentos. A segunda razão é seu apreço incondicional à ética, que faz a liga entre todos eles.

Em memorável artigo por ocasião do lançamento do então novo Código de Ética e Disciplina do Conselho Federal da Ordem dos Advogados do Brasil, em 2015, Celso cravou: "Direito sem ética é um paradoxo; ética sem Direito é uma incompletude" (in Revista do Advogado, da AASP, Ano XXXVI, abril de 2016, nº 129). Por isso tudo, por conhecer a partitura em toda sua plenitude, não há qualquer integrante (instrumentista) do Escritório, seja de que área for (cordas, madeiras, metais ou percussão), que já não tenha se valido do conhecimento e da experiência do Celso para ajustar seu instrumento, conferir a exatidão de um acorde ou simplesmente aconselhar-se sobre qual o compasso mais apropriado.

Maestro

Por fim, no almoço musical falamos, claro, da figura do maestro, como destacado pelo Celso na parte final do Memorando:

> *"Sem dúvida, o papel do maestro é preponderante. O maestro tem que estar atento ao desempenho de cada músico, para identificar e corrigir prontamente eventuais desafinações".*

O desfecho previsível deste pequeno texto, especialmente para aqueles leitores que não conhecem a fundo a história do Escritório (e tiveram a paciência e a benevolência de ler estas linhas até aqui), seria o de nominar o Celso como o grande maestro da orquestra Pinheiro Neto. Não farei isso. Primeiro, porque não agradaria ao próprio Celso, que sempre foi incentivador incansável do trabalho em equipe, sem estrelismo. Em que pese a esmagadora maioria das vezes em que atuou e segue atuando na regência, Celso sempre foi também um disciplinado executor, jamais se furtando a ajudar os músicos no que fosse necessário, incluindo lhes virando as páginas da partitura quando não podiam tirar as mãos das teclas ou cordas de seus instrumentos. Segundo, porque a história de 79 anos de Pinheiro Neto Advogados encerra a atuação de muitos outros profissionais que foram ou são grandes regentes, a começar pelo Pinheiro.

O fato é que, como o próprio Celso descreve nos dois últimos parágrafos do Memorando, há diferentes estilos de regência. Nas orquestras em formação, em que as habilidades individuais ainda não se revelaram e o entrosamento dos componentes é incipiente, a atuação do maestro tende a ser mais cortante e austera, não raro com arroubos de autoritarismo. Pois nem o maior esforço de memória é capaz de me fazer lembrar de qualquer situação em que Celso, mesmo quando a Área Contenciosa que já coordenava era bem menor, tenha sido cortante, muito menos autoritário. Austero, sim, na medida certa para nos permitir aprimorar nosso conhecimento da partitura e nossa afinação instrumental. Mas, "à medida que a orquestra vai amadurecendo, se institucionalizando como um corpo uniforme" – prossegue Celso no Memorando – "é mais comum se encontrar um estilo de regência descontraído; o regente já não precisa cuidar dos detalhes, podendo se dedicar a transmitir a inspiração que o anima, criando aquele clima contagiante dos movimentos mais arrebatadores, sejam os andantes, vivazes, ou os sutis adágios".

É possível afirmar que, ao longo dos anos, a austeridade do Celso foi dando lugar a uma maior descontração, típica daqueles que constatam que a batuta que outrora, na maior parte do tempo, não lhe saía das mãos, hoje transita por outros punhos formados na mesma essência da unicidade, da valorização do conhecimento, do exercício da humildade e do respeito à partitura que ele ajudou a consolidar. Naquele 4 de janeiro de 1995, ao percorrer de volta o tradicional corredor das artes da sede social do Jockey Club de São Paulo, descer à Rua Boa Vista, virar à esquerda e retornar à minha sala no 10º andar do edifício vizinho para continuar o dia de trabalho, estava claro para mim que Celso já era, sim, um dos grandes maestros da então cinquentenária orquestra Pinheiro Neto Advogados. Hoje, quase octogenária, a orquestra tem o privilégio, compartilhado por todos nós instrumentistas, de seguir testemunhando performances arrebatadoras do Celso que nos inspiram e nos fazem seguir acreditando no Direito.

As águas claras de Celso Mori

A genuína preocupação com a comunidade e com as pessoas

José Carlos Junqueira Sampaio Meirelles

Contar sobre casos marcantes nos quais trabalhei com Celso Mori é uma missão especial, pois foram muitos os em que tive o prazer, a satisfação e o orgulho de trabalhar com ele. Em vários deles, tive a oportunidade de ver o Celso em seu "habitat natural", argumentando com clareza e paciência, entendendo as peculiaridades do caso e as idiossincrasias da parte contrária (ou do próprio cliente), tirando da cartola soluções práticas e simples (que ninguém havia pensado antes) ou propondo alternativas jurídicas complexas (que ninguém havia entendido antes). Em suma, sendo Celso Mori.

Se eu fosse eleger uma dessas histórias, poderia contar sobre a operação de securitização de recebíveis de uma empresa pública do Estado de São Paulo, décadas atrás. Naquela época, o próprio conceito de securitização era quase desconhecido para a grande maioria das pessoas, inclusive os advogados. Naquele caso, a operação em si já era extremamente complexa: estávamos utilizando conceitos e princípios de lei estrangeira e trabalhando com estruturas que apenas haviam sido testadas em outras jurisdições. Como ainda estávamos tentando aplicar tais conceitos e princípios estranhos à nossa legislação em uma operação a ser realizada pelo setor público, havia um rol de questões adicionais, que tornavam o sucesso da operação ainda mais improvável.

Para complicar mais o cenário, o advogado da empresa na época era um famoso professor e jurista, notório por adotar costumeiramente uma postura assertiva, impaciente e muitas vezes quase agressiva. Na época, lá estava eu, um jovem associado, ainda com pouco tempo de experiência (apesar de já com algum tempo de casa) tocando a operação sob a supervisão do Sócio responsável pelo caso. Certo dia, teríamos uma reunião essencial para o sucesso da operação, com todas as partes presentes, entre eles executivos, advogados, banqueiros e assessores. O famoso advogado também estaria lá e havia deixado bastante claro não concordar com a estrutura da operação, com as bases jurídicas adotadas e com tudo o mais que havíamos proposto em conjunto com os advogados americanos.

Como a única "legislação" que nunca falha é a conhecida Lei de Murphy, no dia da reunião, meu superior no caso teve um sério problema e não pôde participar daquele momento fundamental para a operação. Em instantes de desespero na noite anterior à malfadada reunião, vagando sem rumo pelos corredores do 9º andar da Rua Boa Vista 254, tive a brilhante ideia de ir até a uma sala, entre a escada para o 8º andar e as salas de Noêmia Novaes e de Fernando Pinheiro, que estava sempre com a porta aberta. E lá estava o Celso, mesmo com o adiantado da hora, me recebendo com um sorriso e disponibilizando todo o tempo do mundo para me ouvir. Impossível descrever o alívio e a tranquilidade com que saí da sala após a longa conversa, em que ele – tendo ouvido com calma, paciência e atenção toda a estrutura e os aspectos jurídicos da operação – confirmou a solidez e a viabilidade do que havíamos proposto, sugeriu modificações que tornavam a estrutura ainda mais eficiente e – obrigado, meu Deus! – prontificou-se a participar da reunião comigo.

Estaria mentindo se dissesse que só a presença do Celso na reunião teria resolvido toda a situação. A mera presença já foi muito importante, mas a forma com que ele me apoiou na exposição da estrutura para a sala lotada foi essencial para o convencimento de todos, principalmente ao rebater os "ataques" feitos pelo famoso advogado da outra parte. No final, até elogios recebemos do advogado. Saímos de lá com a operação aprovada por todos.

Eu disse no início que não iria contar casos em que trabalhei com o Celso, uma vez que seria muito difícil descrever, em poucas palavras, sua forma profissional de atuar, o profundo conhecimento do Direito, a impressionante facilidade de identificar as questões polêmicas e sugerir as soluções possíveis e o seu dom da palavra (dom usado para explicar, convencer, influenciar, esclarecer e direcionar). Então, pretendo registrar aqui outra característica do Celso, a de se preocupar com os outros, com a sociedade em que vive, com o seu país, com sua cidade, com seus concidadãos. E, para isso, também poderia usar várias iniciativas que ele teve (como a de propor uma espécie de "poupatempo" da administração criminal, com unidades espalhadas pela cidade reunindo delegacia, celas de detenção provisória, estação da Polícia Militar e uma estação do Fórum Criminal), mas vou usar como exemplo a Associação Águas Claras do Rio Pinheiros.

A associação nasceu de uma ideia do Celso. Uma ideia que teve quando o Escritório mudou para a Rua Hungria. Quando ainda estávamos na Rua Boa Vista, Celso já demonstrava sua preocupação com o entorno e a difícil realidade social que permeava o centro de São Paulo. Ele teve papel fundamental na criação e funcionamento da Associação Viva o Centro. Trabalhei com ele em várias iniciativas capitaneadas pela Viva o Centro e pude já testemunhar sua imensa força de vontade, sua dedicação e seu comprometimento.

Já na Rua Hungria, Celso teve a ideia de constituirmos uma associação que criaria iniciativas visando a limpeza do Rio Pinheiros. Ele olhava pelas janelas do Escritório e ficava indignado com o estado do rio. Quando passamos a fazer parte do Projeto Pomar[1] e começamos e começamos a plantar árvores nativas na margem

1 Em 2019, o Pomar Urbano completou vinte anos de existência. Seu lançamento, ocorrido em 1999, buscou devolver vida às margens do Rio Pinheiros, por meio da recuperação da vegetação ciliar. O projeto ocorre em parceria com a EMAE – Empresa Metropolitana de Água e Energia SA, que é proprietária da área, e por meio de convênio com a Secretaria de Infraestrutura e Meio Ambiente do Governo do Estado, que cede os locais para que sejam implantados os projetos paisagísticos de recuperação da vegetação. Durante os vinte anos do Pomar Urbano, diversas empresas privadas foram parceiras, e, atualmente, os trechos da margem leste recebem apoio do Grupo Telefônica, enquanto os trechos da margem oeste contam com a parceria do Grupo Votorantim e de Pinheiro Neto Advogados.

do rio, ele ficou mais inquieto ainda. Fomos um dia, Celso, Sérgio Marçal e eu, plantar mudas de árvores, marcando a assinatura da parceria com o Governo do Estado. Foi um gesto simbólico do comprometimento do Escritório com a melhoria da situação do Rio Pinheiros. Em meio ao medo de cair no rio, o terrível cheiro das águas e os gritos dos motoristas que passavam, ficou muito claro a todos nós que teríamos mesmo que tomar alguma atitude para tentar mudar, ainda que um pouco, aquela realidade.

Foi então que, em 27 de janeiro de 2009, com a inspiração (além de transpiração e pressão) de Celso, constituímos a Associação Águas Claras do Rio Pinheiros (AACRP). A AACRP era uma sociedade civil, sem fins lucrativos, de pessoas e empresas interessadas na recuperação ambiental do Rio Pinheiros e seus afluentes. A associação teria como objetivo reunir esforços para viabilizar um Rio Pinheiros limpo, integrado à vida da população como referência da sua história, testemunha da cidadania, um polo educacional e espaço de lazer. Celso falava que trabalharíamos para transformar em ação o idealismo individual e coletivo, para facilitar as relações entre a sociedade civil e o Estado e para estimular sinergias entre os diferentes segmentos da administração pública municipal e estadual.

Na época, Celso, com seu dom natural de comunicação, deu o tom que permearia a atividade da AACRP pela próxima década: a de que o meio ambiente, e especialmente a água, são bens finitos, dos quais é preciso cuidar como patrimônio comum e essencial à vida. A cidade precisava ter consciência e orgulho dos seus rios, como âncoras históricas, condição de sobrevivência, símbolos de beleza, integração e perenidade. Mais importante ainda: entendíamos que as ações de preservação do meio ambiente e de defesa do patrimônio comum estimulam a consciência de responsabilidade social e fazem cada cidadão refletir sobre os seus compromissos com a sociedade! Esse era o objetivo efetivo da AACRP. Não seria nada fácil. Sabíamos das dificuldades (era só olhar pela janela, afinal!), mas o Celso contaminou a todos com seu otimismo, comprometimento e visão de futuro.

E lá fomos nós! Começamos nossa aventura pelas águas (algumas vezes, literalmente, navegando em várias espécies de embarcações) do Rio Jurubatuba, nome do rio nos tempos coloniais, que em Tupi significa "lugar com muitas palmeiras jerivás" (ou, como descobriu o Celso, "rio tardo e sujo", mostrando que a comunidade nativa da região já tinha uma visão da triste realidade que acometeria aquele córrego no futuro). Já na primeira composição do corpo de Associados Mantenedores, a AACRP tinha uma lista estrelada de grandes empresas (muitas com sede às margens do Rio Pinheiros): Pinheiro Neto Advogados, Empresa Metropolitana de Águas e Energia (EMAE), Rede Globo, Caloi, Banco Santander, Coca Cola (FEMSA), Nestlé, Shopping Cidade Jardim, WTC e Aegea. Muitos outros, como Abril, Itaú Unibanco, USP e Insper, também se juntaram a nós em diversas inciativas da AACRP.

Sempre liderados por Celso, fizemos a ponte entre o setor público e o privado. Conversamos com governadores, prefeitos, secretários, presidentes e diretores de estatais e empresas públicas. Paralelamente, buscamos o apoio de presidentes e diretores de inúmeras empresas, assim como de suas agências de propaganda e seus assessores técnicos. Fizemos parcerias com várias entidades da sociedade civil, como o Programa Córrego Limpo, o Movimento Nossa São Paulo e o Rios e Ruas, entre outras. Incentivamos a educação ambiental, junto com universidades públicas e privadas, trazendo alunos das escolas privadas e públicas para perto do Rio Pinheiros. Patrocinamos estudos técnicos e projetos de limpeza de córregos e afluentes. Falamos de apoio à coleta e tratamento de esgoto, de controle de poluição difusa. Testamos barcos de coleta de lixo e incentivamos a criação das ciclovias às margens do rio. Organizamos passeios ciclísticos e expedições fotográficas e apoiamos iniciativas e intervenções de vários artistas consagrados, colocando caiaques nas águas do rio e onças pintadas às suas margens.

Trouxemos, enfim, os olhos da cidade, da população, das autoridades e da sociedade civil voltados para o nosso Rio Pinheiros. Tornamos quase impossível o antigo e arraigado hábito do paulistano de, simplesmente, dar as costas para o rio, ignorar o cheiro e a poluição visual e fingir que o problema não existe (exceto para reclamar nos dias de chuva). O principal objetivo da AACRP foi totalmente atingido: colocar o Rio Pinheiros na cabeça e na vida das pessoas, trazer o assunto para o dia a dia e fomentar o diálogo, buscando sempre uma solução viável e concreta. Ouvimos muitas vezes o comentário de que, talvez, devêssemos mudar o nome da associação, já que não se via, afinal, as "águas claras" no Rio Pinheiros. Mas aí é que a inspiração do Celso nos ajudava a seguir em frente, porque se as "águas claras" não eram ainda uma realidade, para nós elas eram um objetivo, uma meta, uma fonte de inspiração para o futuro. Para nós, as "águas claras" eram um símbolo, uma representação de uma cidade mais digna, mais justa, mais humana.

Mas, falando de Celso Mori, o mais curioso foi ter a oportunidade de escutá-lo discutindo questões técnicas complexas com governantes, cientistas, acadêmicos e especialistas, falando de "tratamento de afluentes", "reversão de fluxo", "Índice de Qualidade das águas – IQA" (Classe 1, 2, 3 e, infelizmente no nosso caso, 4) ou ainda discutindo qual seria o melhor método de despoluição (a flotação, a dragagem ou o gradeamento?). Tudo isso com a mesma naturalidade, profundidade e conhecimento que o Celso tem quando discute com advogados, promotores e juízes a tempestividade da apelação, o chamamento à lide, os embargos infringentes ou os cinco efeitos da citação válida...

Lembrando de nossas excursões de barco e trolley até a Usina Hidrelétrica Henry Borden e de balsa pelo Rio Tietê, só posso dizer uma coisa: nos meus 36 anos de Pinheiro Neto, aprendi muito com o Celso – tanto com relação aos cinco efeitos da citação válida quanto com relação ao tratamento de afluentes. Aprendi não apenas o que é necessário para ser um bom advogado, mas também como ser uma pessoa preocupada com a sociedade em que vivemos. Aprendi que, se estivermos todos preocupados não só com a Justiça mas também com a Justiça Social, podemos ter um efeito benéfico na sociedade, contribuindo para transformar nossa comunidade em um lugar melhor para viver. Celso, tenha certeza de que o exemplo de vida dado por nosso eterno presidente da AACRP jamais será esquecido por este agradecido vice-presidente da AACRP!

O caso dos petiços

Celso Mori e a correção de um equívoco na história de paulistas e gaúchos

Sérgio Pinheiro Marçal

Um pouco sobre o Celso

A generosa solicitação que recebi, que considero uma honra, foi contar algum caso que eu tenha atuado com o Celso e que revele no seu desenrolar algumas das incontáveis qualidades e facetas do grande homem, líder, amigo.

Dentre os inúmeros casos em que atuamos nestes meus 35 anos de Escritório, junto ou subordinado ao Celso, um me veio imediatamente à cabeça: o dos petiços! Já vou contar e revelar o motivo da escolha. Mas confesso que muitos outros poderiam ser relatados e inegavelmente revelariam algo sobre o Celso. Desde algo singelo, quando ele simplesmente esteve presente como orientador e guia, até questões muito mais desafiadoras da alma do advogado: enfrentar o ataque à Justiça.

Foram situações dos mais diversos perfis, envolvendo desde uma imensa batalha no Conselho Nacional de Justiça denunciando atuações em descompasso com as melhores práticas, até o desenho de estratégia que se tornaria *case* mundial de cliente global. Mas todos os casos têm algo em comum: a presença firme e companheira do maior advogado que já vi atuar.

Eu entrei no Escritório em 5 de julho de 1985, com 22 anos. No seu primeiro dia, cada um dos estagiários era acompanhado por alguém do departamento de Recursos Humanos para um *tour* pelo Escritório e levado à sala de cada um dos Sócios e chefes de departamento, aos quais era apresentado. O Escritório era diferente... Provavelmente nesse primeiro dia Celso não estava na sua sala no momento da minha visita. Um ou dois dias depois, a secretária dele, a Marta, me chama dizendo que o Celso queria falar comigo. Coloco, desnecessariamente, o paletó (um dos dois que eu tinha, que se compunham com as duas calças – uma delas a barra tinha sido mordida por um cachorro, mas isso é outra história) e vou falar com o chefe do Contencioso da Firma. Eu, absolutamente irrelevante, fui colocado totalmente à vontade por aquela pessoa na faixa dos seus 40 anos que me lembrou algum artista americano.

Aliás, dizem que todo advogado se vê como o Batman. Para mim o Batman é o Celso! Mas, enfim, conto isso para demonstrar a humildade de um verdadeiro líder, que mesmo sendo já o aclamado chefe do Contencioso do Pinheiro Neto, e naquela época chefe era muito mais chefe do que hoje, fazia questão de conhecer, e mais do que isso, de se apresentar a cada estagiário que iniciava sua jornada.

Pessoas assim marcam, mesmo sem uma intenção deliberada, a vida dos outros. Em determinado momento do início da minha carreira senti uma deficiência enorme no recebimento adequado do que hoje se chama *coaching*. Celso não era meu chefe direto. A situação que eu vivia no meu dia a dia minava minha autoestima. Em uma oportunidade, fiz um trabalho submetido diretamente à revisão dele. Lembro precisamente das palavras: “Eu não teria feito melhor!” Claro que ele teria feito melhor, mas um estímulo assim gratuito alimenta a alma. Aquilo mudou a minha vida e acho que ele nunca soube. E quando eu assumi a posição de liderança de equipe, passei a ter uma preocupação imensa com o tratamento aos que iniciam e em sempre abrir oportunidade para todos. Não tenho dúvida que meu aprendizado foi pelo exemplo.

Eu acredito que muitos dos nossos relatos serão semelhantes, invocando as mesmas qualidades do homenageado. Isso é quase inevitável, já que Celso Mori é o mesmo com todos. Não existem percepções diferentes, conforme o grau de intimidade, amizade ou tempo de convivência. Todos nós recebemos o mesmo tratamento elegante, sereno, cordial e leal. Todos nós nos achamos amigos do Celso e temos a certeza de desfrutar reciprocamente da amizade e consideração dele. Ele é uma unanimidade, não aquela burra, tratada por Nelson Rodrigues, mas sim aquela do Aurélio, provindo do "que é do mesmo sentimento ou da mesma opinião que outrem". Todos sentimos igualmente, porque tivemos nossos corações alimentados da mesma forma.

Em incontáveis situações, me pego pensando "como o Celso agiria" diante de determinado desafio. Nesse pensamento, automaticamente há a autoimposição da serenidade, do comedimento, da racionalidade. Quem nunca ouviu dele sobre um tema particularmente apto a despertar paixões violentas, "vou deixar o Sol se pôr três dias sobre a minha cabeça?". Não é fácil para alguém, ainda mais em um mundo onde as vaidades são plenas, ser uma referência aos seus pares.

Em momentos essenciais da minha vida, tive o Celso ao meu lado. Nunca se colocando na posição de um observador superior, mas sempre como um parceiro inserido diretamente no jogo. Altruísta. Certa vez entrei na sala dele e no meio de uma conversa, lembrando alguma coisa, ele abre o frigobar dele, tira uma Dom Perignon (que depois abri quando minha filha entrou na faculdade) e me dá de presente do nada. Simplesmente para ser gentil.

Uma vez ele me contou que J.M. Pinheiro Neto, fundador do Escritório, criando uma dicotomia entre o exercício da função de advogado envolvido no dia a dia dos casos e das funções administrativas de líder da Área Contenciosa (e depois de todo o Escritório), disse que ele teria que escolher entre ser spalla ou maestro. Eu diria que ele conseguiu e consegue com brilhantismo ser spalla e maestro!

O tal caso

petiço
[Do esp. plat. petiso.]
S. m. Bras. S.
1. Cavalo pequeno, curto, baixo

No final dos anos 1990, e depois em toda a década seguinte, a General Motors (GM) passava por uma reestruturação da sua rede de concessionárias em todo o país. O mercado, que havia sido aberto poucos anos antes com o início da importação de veículos, se modificou sensivelmente e a GM enfrentava dificuldades na adaptação de alguns dos seus distribuidores às necessidades de uma realidade mais competitiva. Como a rede era imensa, os problemas eram imensos.

No meio de diversas negociações que estavam sendo entabuladas, a GM sofreu um arresto de vultoso valor em suas contas, promovido por um distribuidor situado na região nordeste do país. Por meio de uma carta precatória, cumprida com rapidez, uma significativa quantia foi retirada da conta e nunca mais foi recuperada. Iniciava-se aí uma batalha judicial que constitui um *case* corporativo.

Evidentemente, essa medida de um distribuidor, que a pretexto de discutir sua relação comercial com a GM levantou liminarmente quantia milionária, causou verdadeiro pavor dentro da companhia diante da perspectiva de que esse precedente seria replicado por grande parte da rede. A GM era, então, um dos cinco maiores clientes do Escritório. Um cliente icônico. Celso Mori era e sempre foi a referência do cliente no Escritório e eu os atendia há não muito tempo. Fomos instados a achar uma solução para o problema.

Criamos então uma estratégia bastante inovadora. Precisávamos ter a iniciativa de levar os casos ao Judiciário quando houvesse essa necessidade. Todos os contratos de concessão comercial tinham cláusula de foro de eleição em São Paulo, capital, no Fórum Central. Assim, quando as relações aparentavam não ter mais solução amigável, e em casos de concessionárias com desempenho reiteradamente fraco, ingressávamos com ações declaratórias para reconhecer o direito da GM de rescindir o contrato, criando assim prevenção para discussão de qualquer tema relacionado ao rompimento. Depois de alguns anos, eram centenas de casos.

Um dos distribuidores problemáticos era o de Cruz Alta (RS). Naquela situação, a concessionária tomou a iniciativa de ingressar com a ação judicial para discutir o contrato de concessão antes que a GM o fizesse. Imediatamente ingressamos com uma exceção de incompetência invocando a cláusula de eleição de foro.

Ocorre que, para nossa total surpresa, para rejeitar a exceção de incompetência, o juiz da causa utilizou argumentos que nada tinham de jurídicos. Ressaltou uma desproporção de poder entre as empresas, mas foi além. Invocou uma rivalidade histórica entre paulistas e gaúchos de forma a justificar que, pelo ranço revanchista, a empresa gaúcha não encontraria tratamento justo em São Paulo:

> "Autor: empresa local, sitiada nos rincões de Cruz Alta, Município distante mais de trezentos quilômetros de Porto Alegre – Capital, de seu turno, mais longínqua do centro do país (com maiores afinidades, diga-se por bem, aos 'orientales' que aos paulistas – não se esqueçam da espetacular figura simbólica que a história traz, qual seja, dos petiços amarrados nos monumentos paulistas...)."

Lida a espantosa e inusitada decisão, e depois de procurarmos no dicionário o que era "petiço", fomos ao Celso. O fato histórico, segundo ele, estava equivocado. Decidimos entrar com exceção de suspeição contra o magistrado que evidentemente distinguia as partes de forma indevida. E o fato tinha que ser explicado. Celso disse que ele faria pessoalmente a peça e ficamos aguardando curiosos.

Melhor do que contar é reproduzir a manifestação:

> - A suposta hostilidade, ou falta de afinidade entre o Autor e a Ré ou o Juiz de São Paulo que deveria julgar o feito não foi alegada pelo Autor. Foi invocada por V. Excelência, espontaneamente, como "espetacular figura simbólica" representada por imaginários "petiços amarrados nos monumentos paulistas".
>
> **Digressão Histórica**
>
> - A propósito dessa inusitada alusão de V. Excelência, seja-nos permitido fazer uma pequena digressão histórica. A "espetacular figura simbólica" dos "petiços amarrados nos monumentos" não aconteceu em São Paulo, e sim no Rio de Janeiro, então Capital Federal, e por ocasião da Revolução de 1930, vencida por Getúlio Vargas. Na sua obra "Brasil: uma História", o historiador gaúcho Eduardo Bueno lembra que:
>
> > *"...meses depois de ter sido obrigado a "enfiar a viola no saco" derrotado nas urnas, Getúlio Vargas liderou o golpe de 1930 e, enquanto seus aliados amarravam os cavalos no obelisco da avenida Rio Branco, no Rio, ele assumia o comando da nação..." (pág. 319, 1ª Edição) (doc. nº 6)*
>
> - Bem ao contrário da falta de afinidade antevista por V. Excelência, se deve lembrar que o general gaúcho Isidoro Dias Lopes comandou a Revolução Paulista de 1924 contra Artur Bernardes. Derrotado o movimento pelas forças militares federais, os remanescentes das tropas de São Paulo juntaram-se aos remanescentes das tropas da Revolução de 1923 do Rio Grande do Sul, para formar a legendária Coluna Prestes.
>
> - Deixando de lado os campos de batalha, é preciso que se diga que eram paulistas as origens de Getúlio Vargas, bisneto do bandeirante Francisco de Paula Bueno, nascido em Sorocaba no ano

de 1781, e de Ana Joaquina de Vargas. Não haverá de ter sido por outra razão que a família Vargas, republicana da primeira hora, e participante da fundação do Partido Republicano Rio-grandense, deu à sua estância, ao se estabelecer no Rio Grande do Sul, o nome de Fazenda Itu, em alusão à cidade paulista onde se realizara a Convenção Republicana.

- Convenção Republicana, ou Convenção de Itu, à qual também compareceu ancestral do recentemente falecido Governador Leonel Brizola, posto que também os Brizola foram para o Rio Grande do Sul vindos de São Paulo, da mesma região de Sorocaba.

- O filho mais ilustre de Cruz Alta, Érico Veríssimo, em testemunho das afinidades entre paulistas e gaúchos dessas bandas, e até em reconhecimento dos inegáveis laços históricos, situa as origens de Ana Terra, filha de Maneco Terra e de Henriqueta Terra, todos nascidos nas plagas paulistas de Sorocaba.

De Volta à Suspeição

- Portanto, a alegada falta de afinidades nacionais entre os habitantes de Cruz Alta e a Ré ou o Juízo de São Paulo ao qual cabe a competência, falta de afinidade que não foi alegada pelo Autor, mas foi sustentada por V. Excelência, apenas indica crença pessoal de V. Excelência. Que se respeita, repita-se, mas que não pode ser traduzido em julgamento do processo. O processo se rege, entre outros textos, pela Constituição Federal, que prevê o regime federativo e a unidade da República.

- Evidentemente, não se está aqui a alegar que o equívoco cometido por V. Excelência a respeito da história do Brasil o torna suspeito para julgar a causa. O conhecimento histórico não tem relevância jurídica neste processo.

- O que se sustenta, como um dos fundamentos desta exceção de suspeição, é que V. Excelência manifesta expressa e espontaneamente, sem qualquer provocação da parte, a suposição de que os Autores pudessem ter o justificado temor de não ter um julgamento justo em ambiente de São Paulo, com o qual não teriam afinidades. Com essa atitude, V. Excelência autoriza a que se pense o reverso. A alegada falta de afinidades nacionais,

> que historicamente não existe, mas declaradamente existe no imaginário de V. Excelência, leva à fundada suspeita de que V. Excelência possa conduzir o julgamento segundo suas suposições de afinidades, e não conforme a lei e o contrato firmado entre as partes.

Uma aula de bom exercício da advocacia e de elegância de argumentação! Essa peça foi uma das que ficou na minha memória para sempre.

Também elegante e humilde mostrou-se o magistrado na sua manifestação:

> "Equívoco histórico reconhecido, assumido, com vênia registrada. A presidência de desumanos e invencíveis nove mil processos, plus Jurisdição Eleitoral, em época de pleito municipal, porventura expliquem a falha. Porventura. Vênia firmada."

O Tribunal de Justiça do Rio Grande do Sul não acolheu a exceção de suspeição, invocando razões puramente técnicas quanto aos tipos previstos no Código de Processo Civil.

Não tenho mais a lembrança do desfecho do caso, mas tampouco isso é importante. O que nunca sairá da minha memória é a elegância, combatividade e o desejo mais profundo de ver a Justiça prevalecer sempre, mesmo quando, como diz Eduardo Couture, o Direito a confrontar em conflito. Que advogado é o Celso! E que ser humano!

Onze lições

Momentos preciosos com um advogado preciso que faz chover

Henry Sztutman

Dos advogados fantásticos que vi em ação, e eu aqui incluo somente os fora de série, Celso Mori é, sem dúvida, sem exagero, sem medo de errar ou cometer injustiça, o melhor, o mais completo. Ele é o mais equilibrado. E, ao mesmo tempo, o menos equilibrado. Como a balança que simboliza o Direito, Celso dá lições de equilíbrio, e assim o faz, na esmagadora maioria das vezes, desequilibrando.

Celso é o gênio obstinado que gosta demais do que faz, trabalha além da conta, estuda, se prepara muito mais do que o normal, certamente muito mais do que seria de se esperar. A mistura dessa paixão, fulgente aos 76 anos de idade e quase 50 no Pinheiro Neto, com trabalho, disposição e preparação, potencializa autoridade, influência, inspiração, entusiasmo, esperança e sorte. Os resultados são espetaculares.

Conheço o Celso há mais de 30 anos. Somos Sócios. E também somos amigos. Conto algumas passagens rápidas. Eu comecei no Pinheiro Neto em junho de 1990. Em 1993, fui da equipe dele. Nos anos 1990, jogamos futebol, com times formados por integrantes do Escritório, em Cotia, em Boituva, no sítio do Celso em Porto Feliz. Em 1998, quando eu morava em Nova Iorque, Celso e o filho Pedro, voltando de férias, passaram para uma visita, para um papo, para uma música no Blue Note. Escrevo estas notas sobre o Celso em fevereiro de 2021. A minha última saída com amigos foi em março de 2020, há quase um ano, uma semana antes de o distanciamento social começar por conta da pandemia, em evento organizado pela Maria Cecilia e pelo Celso, na casa deles, com gente, vinho e comida especiais.

Neste momento, as experiências que eu gostaria de relatar são aquelas que tratam das lições que eu sigo tendo do Celso advogado. Lições de equilíbrio, as quais só quem desequilibra, lidera e une pelo bom exemplo é capaz de ensinar.

A boa-fé que nos une

A petição que faz ganhar um caso em juízo não é necessariamente aquele texto escrito com rigor literário. O tribunal e a academia de letras ficam em prédios distintos. Essa minha experiência com o Celso aconteceu no início da década de 1990, no contexto de um litígio familiar e societário, e a nossa cliente era empresa do ramo imobiliário. Eu, advogado recém-formado, e o Celso, já naquela época, o advogado mais experiente e respeitado da Área Contenciosa do Pinheiro Neto.

O meu papel no caso era singelo. Eu só tinha que levar, na véspera do prazo judicial, para a revisão final pelo Sócio-fundador José Martins Pinheiro Neto, a minuta da contestação, já revisada pelo Celso, que havia sido magistralmente redigida por outro advogado experiente da equipe. E, depois, no dia seguinte, dia do prazo para apresentação em juízo, eu tinha que acordar cedo, ler e incorporar os comentários que seriam feitos pelo Pinheiro no texto final. Lá se vão três décadas, mas eu me lembro da cena como se ela tivesse ocorrido semana passada.

Cabe aqui um destaque. Aquela minuta de contestação era brilhante, impecável na métrica, na forma e no conteúdo, daquelas peças que um advogado não se cansa de ler e saborear. Fora elaborada com fôlego e esmero. Era convincente, tinha começo, meio, fim. Tinha tudo, esmiuçava fatos, lei, doutrina e jurisprudência, e estava pronta.

Redundante dizer que, assim como o Celso, o Pinheiro também era brilhante. E, para a minha surpresa, aquela minuta de contestação voltou da revisão do Pinheiro muitíssimo marcada, com a caneta vermelha nervosa em todas as folhas. Capeando, antes de tudo, havia um texto datilografado pelo próprio Pinheiro, em que ele elogiava o trabalho e explicava a lógica das mudanças que propunha.

Aos meus olhos, de quem tem certa queda por textos bem escritos, aquela peça, que estava excelente, tinha perdido o charme depois das marcas feitas em vermelho. Eu li, reli e fiquei decepcionado. Entrei perplexo na sala do Celso. Eu não disse nada, mas estava pronto para dizer com alguma audácia que entendia que não deveríamos aceitar as sugestões de alteração feitas pelo Pinheiro. Celso leu cada um dos comentários, um por um, página por página, e, ao terminar, virou-se para mim e disse: aceite tudo e imprima a versão final. Vamos assinar e protocolar. Eu obedeci, obviamente, e cumprimos o prazo.

Dias depois, na primeira oportunidade, eu perguntei ao Celso o porquê de ele ter aceitado tão prontamente e sem questionamento todos aqueles comentários, que, sabíamos ele e eu, pioravam a qualidade do texto. O Pinheiro era o Pinheiro, e isso não se discutia, mas o Celso já era o Celso, e, naquela matéria, o papa era o Celso, não o Pinheiro. Daria para o Celso ter feito o contraponto, se quisesse. Eu realmente esperava que o Celso tivesse confrontado o Pinheiro, ao menos para sustentar a cadência da defesa original. Até porque, em nosso Escritório, desde cedo aprendemos que não existe hierarquia quando se trata de boas ideias.

A resposta do Celso resolveu não apenas aquela questão, mas também muitas outras que eu tive na minha trajetória profissional. E essa resposta, simples, profunda, inequívoca, explica a minha permanência, feliz, identificado até hoje, no Pinheiro Neto. Ensinou o Celso a mim que as revisões, em todos os níveis, em nosso Escritório, são feitas para aprimorar cada trabalho, para melhorar a qualidade do produto final. E que, naquele caso, a revisão do Pinheiro tinha sido feita com o objetivo de dar ênfase aos argumentos que serviriam para convencer magistrados de que o bom direito estava do lado da nossa cliente. Um juiz teria mais propensão a se convencer da nossa tese e de julgar favoravelmente aos interesses da nossa cliente com aquelas marcas e aquelas repetições, ainda que tudo aquilo pudesse tornar excêntrico o texto sob o ponto de vista literário. A revisão não foi feita para fazer pirraça com o autor original do texto, nem para destruir, tampouco humilhar.

Essa lição, da crença de que todas as revisões são feitas em boa-fé, e que exatamente por isso quase sempre elas são levadas em consideração ou discutidas pelos interessados também em boa-fé, reforça valores fundamentais do nosso ambiente de trabalho. Dessa conversa com o Celso ficaram em mim fortalecidos os sentimentos de humildade, de confiança, de pertencimento, de que juntos somos mais fortes, de paciência, de que os ritos são importantes, e de que temos que ser capazes de transmitir esse tipo de mensagem, a da boa-fé nas relações internas, aos mais jovens.

A SEGUNDA LIÇÃO
Voar num limite improvável

Ainda no início da década de 1990, fomos contratados para atuar por um banco de investimentos que tinha mandato para solucionar uma questão societária complexa envolvendo companhia aberta do ramo de alimentos. Tratava-se de uma disputa no bloco de controle. Caso de grande repercussão. Celso era o advogado de confiança. O relacionamento era personalíssimo. Ou seria com o Celso, como era, ou não seria no Pinheiro Neto. Fiquei entusiasmado ao perceber a dinâmica de muitas conversas ao dia, presenciais e pelo telefone, com alvos móveis e reviravoltas, e debates a respeito de estratégia. Os nossos clientes tinham verdadeira "Celso-dependência". Numa dessas reuniões, Celso pediu que eu o acompanhasse. Fomos de metrô, da Rua Boa Vista para a Avenida Paulista. E eu fiz a pergunta que me parecia oportuna: "Celso, por que você fica no Pinheiro Neto, por que você não monta o seu Escritório?". A resposta dele estava na ponta da língua, sem firula: "Eu fico aqui porque gosto e tenho tudo o que preciso para me desenvolver como pessoa e como advogado, para estimular a minha curiosidade intelectual. Sou bem tratado. Acredito na força do trabalho em equipe. Eu até poderia, mas eu não tenho razão para sair. E, além disso, eu me sinto um dos donos do Escritório Pinheiro Neto".

Foi a primeira vez que eu me dei conta de que cada Sócio é dono do Pinheiro Neto. Isso é a mais pura verdade, não é da boca para fora. O pacto societário e as regras de governança do nosso Escritório têm como pilar fundamental a equidade entre os Sócios. Em todas as matérias, o voto é por cabeça, não por capital.

Outra verdade: no Pinheiro Neto, valorizamos o conjunto, temos a cultura do reconhecimento do mérito coletivo, acreditamos na força institucional, ainda que de cada pessoa se espere, individualmente, dedicação, esforço, conhecimento jurídico, criatividade, capacidade de julgamento para soluções de conflitos e ideia fixa pelo trabalho de qualidade. Com estrela, e sendo a estrela, o fato é que Celso teria sucesso como advogado em qualquer lugar. Ele poderia ter saído do Pinheiro Neto em algum momento da carreira, pelas mais diversas e imponderáveis razões, todas fora do nosso controle. Felizmente nunca saiu. E esse detalhe, de termos o Celso conosco, brilhando, encurta a distância entre extremos, equilibra vaidade com humildade, enaltece o trabalho em equipe, e diz muito sobre o que somos e onde estamos.

A TERCEIRA LIÇÃO
Um caminho cheio de sapos

Um dos momentos mais angustiantes na carreira de advogado ou advogada em escritório de advocacia é aquele que antecede uma promoção relevante. O degrau anterior ao atingimento da sociedade, ao convite para se tornar Sócio ou Sócia, é especialmente incômodo. A indefinição quanto ao desfecho gera ansiedade.

Em 2000, quando eu estava para ser considerado no processo de escolha de Sócios do Pinheiro Neto, tive uma conversa sobre esse assunto com o Celso. Quem conhece sabe que as conversas com o Celso são em geral inspiradoras. Por outro lado, a incerteza e as peculiaridades que permeiam os processos de escolha de Sócios deixam o interessado atordoado, acelerado, insistente, fora de si, arrogante, quase inconveniente.

Eu lamuriava, tinha pressa, achava que o convite a Sócio deveria chegar logo, não compreendia tanta demora. Lá pelas tantas, Celso, rindo, para terminar com a conversa que batia numa única tecla e que àquela altura era enfadonha, arrematou: "O caminho do céu é cheio de sapos. Você terá que engolir alguns, talvez muitos, se quiser chegar lá". Fim de papo. Tornei-me Sócio no Pinheiro Neto alguns meses depois. E, até hoje, vez ou outra, temos que lidar com sapos indigestos... Aquela conversa ficou marcada.

A QUARTA LIÇÃO

A primeira escolha

Temos uma regra que nos é valiosa e que procuramos seguir com rigor, a menos que exista um consentimento formal de dispensa, que é a de não atuarmos por um cliente contra outro em briga, seja em juízo ou procedimento arbitral.

Já no fim dos anos 1990, havia uma disputa societária em que todos os advogados gostariam de estar, de um lado ou de outro, envolvendo situação de diluição injustificada de participação societária, resquício de um processo de privatização. Uma das partes interessadas, que não era cliente tradicional do nosso Escritório e até tinha outros advogados preferidos, detentora de direito duvidoso, sabendo que não seria possível ter o Celso na condução do caso do mesmo lado da mesa, fez, meses antes de a briga se tornar pública, consulta específica, pediu opinião legal com o objetivo principal de caracterizar um impedimento para que o Celso não pudesse ser contratado em momento posterior por qualquer das outras partes interessadas em brigar. Essa artimanha fez com que o Pinheiro Neto, diga-se, o Celso, ficasse de fora do caso.

Tática compreensível da parte interessada: o Celso poderia trabalhar conosco ou ficar de fora da disputa, mas ele jamais deveria atuar contra. A lição que fica é que em toda pelada o primeiro a ser escolhido é o que joga melhor. Por isso, fundamental é ganhar o par ou ímpar que antecede a escolha, para ser o primeiro a escolher. E a expectativa em relação ao que o melhor jogador fará é sempre alta. A verdade é que o Celso tem o dom e faz por merecer.

Nada mais gratificante do que a situação em que uma parte que estava do outro lado da mesa, com outros advogados, depois de terminado o caso e encerrado o impedimento, resolve contratar o advogado algoz (o Celso), por conta de atuação anterior impecável, para trabalhar ao seu lado no caso seguinte. Com o Celso, não raro isso acontece. E sempre emociona.

A QUINTA LIÇÃO

Tocar o inacessível chão

Meados da década de 2000. Celso e eu estávamos juntos na sala. O nosso cliente controlava empresa de capital fechado. Relatava, com raiva, que um de seus principais executivos, da área de vendas, meses após sua demissão, teria montado dossiê e ameaçado entregar documentos supostamente comprometedores à Polícia e ao Ministério Público. Em troca de seu suposto silêncio, queria dinheiro dos acionistas da empresa. Um caso típico de extorsão.

Celso foi categórico e orientou para que os acionistas não fizessem concessão. O que estava sendo negociado não era algo que pudesse ser vendido ou comprado. O ex-funcionário que entregasse o material ou o que quisesse para quem entendesse apropriado. Os acionistas não deveriam gastar tempo com esse tipo de assunto.

Dito e feito. O oportunista entregou material à Polícia, houve inquérito, busca e apreensão, outros procedimentos de natureza criminal, e todos os acusados foram em seguida defendidos e o processo acabou arquivado por falta de substância.

Aprendi com o Celso que com chantagista não se negocia. E que, tanto quanto possível, ele deve ser solenemente ignorado. Ao contrário, quando o ameaçado cede, a ameaça volta aperfeiçoada e continua sem limite, sem fim. Compreendi naquele dia com o Celso que clientes chegam por vezes angustiados e que deixar falar, saber ouvir, é a base para a construção de uma relação de confiança. E que, na hora certa, a fala tem que ter razão, mas também emoção, porque somente com emoção se toca o inacessível chão, em especial quando o aconselhamento parece contraintuitivo.

A SEXTA LIÇÃO

Lutar quando é fácil ceder

Aconteceu em 2015. Celso e eu nos encontramos por acaso no aeroporto Santos Dumont. Fim da tarde, ambos cansados, voltando para casa. Estávamos no mesmo voo. Conversamos na fila do embarque, ainda no Rio. Eu estava preocupado. O meu dia ainda estava longe do fim, eu ainda teria uma reunião tensa ao chegar em São Paulo, fora do Escritório. Resolvi contar sobre o caso, de potencial desconsideração de personalidade jurídica e ataque ao patrimônio de acionistas e administradores, e perguntei ao Celso o que ele achava, falei que eu tinha o mau pressentimento de que a água estava funda demais, que não daria pé, que eu teria de me esforçar para nadar. A tese era difícil, tinha nuances e comportava questionamentos, e a verdade é que eu tinha dúvidas a respeito do que recomendar. O cliente era antigo, o caso em particular também não era novo, se arrastava, e as opções eram brigar ou tentar um acordo. Celso ouviu tudo e disse com tranquilidade: "Não tenho nada marcado. É tarde, dia longo, mas eu estava indo para casa. Vamos juntos para a reunião".

A presença do Celso na sala fez toda a diferença. Terminada a reunião, na fila dos táxis, Celso entrou num carro, eu entrei no outro logo atrás. Virada a esquina, quando começava a passar na minha mente o filme com as cenas dos melhores momentos da reunião, tocou o meu celular. Do outro lado da linha estava o Celso, só para dizer que ele havia ficado feliz de ter ido, que, agora que ele havia entrado, iria até o fim. Radiante, estava apaixonado pelo caso. O filme com a solução do problema passava na cabeça dele. Essa foi mais uma daquelas situações memoráveis, que deixa aprendizado. Só quem ama o que faz topa uma reunião surpresa naquelas circunstâncias adversas. Esse é o Celso.

A SÉTIMA LIÇÃO
Elegância

Dentre os muitos atributos do Celso, a elegância se destaca. Na fala eloquente. No texto castiço. No trato com as pessoas, sempre com polidez e respeito. Vi e li enquadradas inesquecíveis dadas pelo Celso. Como ninguém, responde a desaforos de maneira assertiva, contundente, sarcástica e ao mesmo tempo gentil. Educado, sabe brigar, nocauteia usando luvas de pelica. O oponente sai tonto, com o rosto vermelho de vergonha e de raiva. A desfeita não vem com grosseria. Ao contrário, vem sofisticada. Privilégio dos terceiros que saboreiam.

Celso fica feliz, brincando com as palavras, colocando os pingos nos is, levando a conversa para o nível da primeira liga, não levando desaforo para casa. E reconhece, igualmente com elegância e humildade, quando há excesso.

Essa aula de elegância é aula dada todo dia. Basta ter o privilégio de estar por perto. Sempre um texto inédito e oportuno, um melhor do que outro, seja o que for, um memorando interno, um artigo, a recusa de um caso, uma carta com sugestões ao presidente da empresa, do STF ou da República.

A OITAVA LIÇÃO
Sonhar mais um sonho impossível

Fácil é dizer que não dá, que a lei não permite, que a jurisprudência faz fila em sentido contrário.

Fim de 2017. Caso dificílimo. Os gestores de um dos nossos clientes, fundo de investimento, tinham diante de si uma oportunidade de negócio. A *due diligence* apontava questões aparentemente intransponíveis do ponto de vista jurídico. O comitê de investimento resistia, julgava prudente não aprovar a transação. E, com as informações conhecidas e as análises disponíveis, e mesmo com a estrutura e as proteções contratuais que haviam sido negociadas, tinha razões para adotar essa posição conservadora.

Num sábado, no meio da tarde, eu liguei para o Celso para discutir alternativas, com o objetivo de tornar aquele investimento viável. A conversa foi rápida e combinamos que nos encontraríamos dali a duas horas no Escritório.

Noite de sábado, prédio vazio. Éramos três: conosco estava outro advogado do Escritório, encarregado da condução do caso, conhecedor de cada detalhe. Muitos documentos com fatos e conclusões prévias jaziam em cima da mesa. O texto salvador ficou projetado na tela. Repassamos os pontos de preocupação, mapeamos os obstáculos, revisitamos os fatos, o Direito e todo o material de apoio. A questão era multidisciplinar. Contra todas as probabilidades, sem cruzar a linha, dando ênfase aos problemas e dando aos riscos a dimensão adequada, Celso havia construído uma tese sólida.

Eram 3 da manhã, madrugada do domingo, um longo memorando havia sido redigido. No papel estava o diagnóstico, o tratamento e a cura, a sustentação jurídica para que a decisão de não realizar aquele investimento fosse revisada.

Uma lição de experiência, determinação e ousadia. De não jogar a toalha. De transformar o impossível em possível.

A NONA LIÇÃO
Vencer o inimigo invencível

Em 1990, no dia em que a minha contratação como estagiário do Pinheiro Neto foi definida, Celso, voltando do tribunal, interrompeu a conversa por uns 45 segundos para trazer em primeira mão, para a Sócia-administradora que me entrevistava, a informação de uma importante vitória que aparentemente estava sendo aguardada. Clima de euforia e comemoração. Aquele foi o meu primeiro "Parabéns!" ao Celso, antes até de eu saber que começaria no Pinheiro Neto. Muitos outros vieram. Celso é o advogado das causas difíceis, dificílimas.

Ao longo dos anos, tenho tido a satisfação de ouvir com frequência a notícia das vitórias. Em quase todas as explicações, Celso traduz para simples aquilo é naturalmente complexo.

"Eu tive sorte, mas só depois de treinar dez horas por dia". Essa frase do jogador de golfe Tiger Woods tem circulado na internet. Por alguma razão, que eu não consigo explicar, penso no Celso toda a vez que eu leio a frase do excepcional jogador nas redes sociais. Esse retrospecto, de ambos, não é por acaso.

A DÉCIMA LIÇÃO

Deferência

Ano de 2020. Experiência fresquíssima na memória. Nossa cliente é uma companhia com ações negociadas em bolsa, de capital pulverizado e sem controlador definido, alvo de combinação de negócios. Uma assembleia geral de acionistas. Celso foi designado a presidir os trabalhos.

Aquela assembleia decidiria o sucesso ou o fracasso da operação e, portanto, merecia atenção especial. Os acionistas foram convocados a decidir livremente. Nós, os advogados, tínhamos o dever profissional de fazer com que a reunião de acionistas ocorresse de maneira organizada e transparente, respeitadas a ordem do dia e a equidade, com observância rigorosa da lei societária.

Os dias que antecederam a assembleia foram de intensa preparação. Todos os detalhes, os cenários possíveis e os respectivos impactos do ponto de vista jurídico foram considerados e treinados. Para cada potencial pergunta ou questionamento de acionista, havia uma resposta cuidadosamente pensada, escrita, justificada.

A assembleia foi conduzida pelo Celso e transcorreu de maneira juridicamente perfeita, impecável, pacífica, sem sobressaltos ou surpresas. A operação foi aprovada. Terminada a assembleia, o mais impactante foi depoimento de uma advogada, sócia de um dos principais escritórios de advocacia do Brasil, que representava um dos interessados na aprovação daquela operação, que, ao me cumprimentar, disse simplesmente que ela estava feliz pelo resultado da aprovação da operação e emocionada pela regalia de ter participado ao vivo de uma assembleia presidida pelo Celso. Um momento histórico, e reconhecimento interno e externo.

A ÚLTIMA LIÇÃO

Quando só nos resta a exceção

Este recorte de cenas por mim vivenciadas com o Celso é menos, é nada, não dá a exata extensão do que é o advogado Celso Mori. No Pinheiro Neto, até hoje, Celso é o único advogado que a sociedade, por iniciativa dos Sócios, aclamou para que ficasse, não permitindo que ele deixasse o Escritório, depois de atingida a idade limite estabelecida em nosso pacto societário. Essa exceção, inédita, é tudo, dispensa comentários.

Para mim, alegria imensa poder escrever este artigo em homenagem ao Celso. Digito as últimas teclas ouvindo a canção Sonho Impossível na voz de Maria Bethânia. Com licença poética, e dando crédito aos compositores, aproveito e faço ainda um ou outro ajuste, acima, nos títulos das lições.

Soberania da ética

A importância de Celso Mori para impedir a propagação da "fraude legal do século" no Brasil

Leonardo Peres da Rocha e Silva
Bianca Pumar
Rafael Figueirôa Goldstein

Em 2012, indígenas equatorianos requereram ao Superior Tribunal de Justiça (STJ) a homologação, no Brasil, de decisão que obrigava a nossa cliente Chevron Corporation a pagar US$ 18 bilhões a título de danos ambientais.[1] A frente brasileira do processo iniciado na região de Lago Agrio, no Equador, considerado pelo *Wall Street Journal* como "a fraude legal do século",[2] foi um dos mais interessantes casos julgados pelo STJ nos últimos anos e nos permitiu uma experiência profissional única. A defesa da empresa norte-americana – que dividimos com a Advocacia Velloso, do ex-Ministro Carlos Velloso – foi marcada por muito trabalho de uma numerosa e aguerrida equipe da qual participamos. Mas sobretudo pela garra, inteligência, cordialidade, perspicácia, versatilidade, paciência e empatia de Celso Mori. Resolvemos então registrar neste artigo um pouco do contexto do caso e algumas das situações memoráveis que tivemos a oportunidade de vivenciar durante mais de seis anos de um processo judicial complexo e desafiador ao lado do Celso, com a certeza de que a atuação dele no caso foi, como sempre, inspirada e inspiradora.

Para começar, o contexto.

A existência do processo judicial equatoriano arquitetado, em 2003, por um ambicioso advogado norte-americano (Steve Donziger) já havia sido noticiada no Brasil pelo menos desde 2009.[3] Desde aquela época, falava-se aqui de um pedido de indenização ajuizado no Equador contra a Chevron Corporation, mas relacionado à operação do consórcio formado pela empresa estatal equatoriana Petroecuador e pela Texpet, que alegadamente teria causado grave dano ambiental e problemas de saúde nas pessoas que viviam e trabalhavam na região de Lago Agrio, Amazônia Equatoriana.

1 SEC 8542 - https://www.juiciocrudo.com/seccion/ejecucion-de-sentencia/1132
2 https://www.wsj.com/articles/legal-fraud-of-the-century-1393978989
3 https://alias.estadao.com.br/noticias/geral,um-chernobyl-na-amazonia-equatoriana,430095

Em que pese a Texpet ter remediado todo o seu impacto ambiental na região quando encerrou suas operações no consórcio, recebendo as respectivas liberações por parte dos órgãos governamentais equatorianos competentes, e a Petroecuador ter continuado a explorar petróleo na mesma área, criou-se na imprensa uma narrativa palatável a quem se preocupa com o desenvolvimento sustentável: grande empresa petroleira norte-americana (Texpet), que anos depois fora sucedida pela Chevron Corporation, foi punida por dano ambiental e à saúde das populações indígenas e obrigada a pagar bilhões de dólares de indenização pelas cortes equatorianas. Muitos artigos na imprensa comparavam esse litígio ao embate bíblico entre Davi e Golias, o que acabava, ao mesmo tempo, angariando a simpatia dos leitores à causa de Lago Agrio e maculando a imagem da Chevron Corporation.

Após a confirmação da sentença bilionária por um tribunal equatoriano, os advogados dos indígenas equatorianos – incentivados por fundos de investimento e financiadores profissionais de litígios interessados em auferir lucro com a causa – resolveram buscar a homologação da decisão no Brasil, no Canadá e na Argentina, onde subsidiárias indiretas (não controladas) da Chevron Corporation operavam. A petição inicial do pedido de homologação de sentença estrangeira formulado no Brasil em 2012 tinha apenas seis páginas; era simples, objetiva e dramática. Uma armadilha.

A estratégia dos equatorianos era apresentar uma situação fácil de ser decidida pelos 15 Ministros que compunham a Corte Especial do STJ à época. Bastaria aos Ministros do STJ confirmar, sem maior reflexão, que a decisão equatoriana que determinou o pagamento da bilionária indenização não ofendia a soberania nacional, a dignidade da pessoa humana e/ou a ordem pública;

havia sido proferida por autoridade competente; continha elementos que comprovassem ter sido a Chevron Corporation regularmente citada no processo de origem; e ter transitado em julgado. Até porque o procedimento de homologação de sentença estrangeira não permite a rediscussão da causa originária.

A nossa missão era desafiadora, única – não havia na jurisprudência qualquer precedente semelhante – e, por isso mesmo, interessante. Recebemos do cliente a incumbência de demonstrar aos Ministros do STJ e, de quebra, à imprensa, que a sentença equatoriana, obtida mediante sofisticada fraude no Equador, não poderia ser homologada no Brasil justamente em função das circunstâncias nas quais ela fora obtida e em razão do fato de que a Chevron Corporation não operava, como não opera, no Brasil. A defesa foi elaborada sob a liderança de Celso Mori e totalizou 140 páginas que foram necessárias para trazer ao STJ todos os elementos indispensáveis para uma discussão mais ampla sobre limites da jurisdição do STJ e ofensa à ordem pública.

Como, até 2013, o STJ jamais havia examinado, com profundidade, as circunstâncias processuais nas quais uma sentença estrangeira havia sido proferida para verificar o cumprimento do requisito de compatibilidade com a ordem pública brasileira, teríamos que trabalhar bastante para entregar ao STJ todas as razões fundamentadas para a rejeição da sentença de US$ 18 bilhões. Celso definiu junto com o cliente uma estratégia vencedora com a explicação pormenorizada dos detalhes dos incidentes processuais fraudados pelo advogado norte-americano dos equatorianos, a despeito das limitações existentes em um processo de homologação de sentença estrangeira.

O desafio foi aceito por todos da equipe, mas assumido com tal zelo pelo Celso que deu realmente prazer e orgulho trabalhar a seu lado em todos os momentos. Foram incontáveis minutas de petições trocadas com os clientes, discussões com pareceristas brasileiros e estrangeiros sobre o não cumprimento dos requisitos legais pela decisão equatoriana, várias audiências com os julgadores, reuniões e conferências telefônicas semanais com o cliente e os times das diversas jurisdições onde se fixaram os tentáculos dessa inacreditável fraude; além de muitas horas lendo e escrevendo documentos sobre o caso e municiando a equipe de relações públicas para restituir a verdade dos fatos à imprensa. Em todas essas atividades da equipe, Celso estava sempre lá para perguntar, refletir, discutir, sugerir e ensinar que sempre poderíamos descobrir mais sobre a incrível saga de extorsão vivida pela Chevron Corporation e que precisávamos renovar o espírito de aprendiz sempre.

O caso foi tão especial e emblemático que até um "documentário de ficção" (*Crude*)[4] foi engendrado pelo advogado norte-americano dos equatorianos para fazer propaganda sensacionalista da sua causa fabricada, distorcendo fatos e a verdade. Como o filme foi editado, descobriu-se posteriormente que as cenas excluídas da edição final, nas quais o advogado norte-americano aparecia fazendo ameaças ao juiz da causa e interferindo no trabalho de peritos supostamente independentes, eram prova cabal de que a narrativa dos equatorianos era falsa. A ação havia sido financiada por fundos de investimentos internacionais e forjada mediante um esquema minuciosamente armado para produzir uma condenação por dano ambiental com aparência de legalidade.[5]

Celso foi fundamental na causa perante o STJ justamente por sua capacidade impressionante de dominar todos os detalhes do andamento do processo judicial equatoriano e das fraudes perpetradas pela equipe do advogado norte-americano. A sensação era de que havia passado meses no Equador conversando com

4 https://www.imdb.com/video/vi2637365785?playlistId=tt1326204&ref_=tt_ov_vi

5 https://www.juiciocrudo.com/julgamentobruto/articulo/novos-trechos-cortados-de-filme-revelam-fraude-e-conspiracao-nbsp/568

os atores do processo e que era ele o advogado responsável pela defesa do cliente naquela ação. Em todas as interações que tivemos com os Ministros do STJ que participaram da sessão de julgamento do caso, Celso contou, como se tivesse vivenciado e de forma quase hipnotizante, todos os eventos reveladores de um esquema em que o advogado norte-americano pressionou juiz e peritos a chegarem a uma sentença que comprovadamente não tinha respaldo na realidade.

Em um momento em que se debate tanto a necessidade de o advogado ter uma especialidade, Celso mostrou na atuação diária na defesa da cliente que o que realmente importa é conhecer o cliente, sua causa, o seu contexto, os fatos e cada detalhe do processo, para transmitir ao julgador a tranquilidade quanto à adoção da decisão justa.

Sempre disposto a aprender mais, Celso dedicou muitas horas para ler cada documento, ouvir cada história e assistir a cada vídeo relacionado ao caso. Foram centenas e centenas de horas gastas em mais de seis anos de processo perante o STJ. Uma rápida pesquisa na internet indica o volume elevado de material produzido a respeito do caso, o que nos permite contar essa história nesse artigo.[6] Celso mostrou, mais uma vez, que humildade, dedicação e estudo constantes são essenciais para qualquer advogado que busca oferecer ao cliente um serviço diferenciado.

Mas Celso Mori é também exemplo de flexibilidade cognitiva. Enquanto muitos ainda discutem a necessidade, a conveniência e até a receptividade da adoção de recursos visuais para a explicação dos fatos e a apresentação de teses jurídicas para os julgadores e membros do Ministério Público, ele abraçou a tecnologia e passou a usar, como se fosse um jovem *millenial*, um *tablet* com filmes sobre o caso durante as audiências com os Ministros do STJ.

---

6 https://www.juiciocrudo.com

Com muita sensibilidade e tato, testando os interesses e limites dos interlocutores, acabou conseguindo a atenção para aspectos importantíssimos do caso em razão do uso da tecnologia nos momentos oportunos. Foi tão habilidoso com o *tablet* durante a audiência com o Subprocurador da República Nicolau Dino, que ele não só assistiu com interesse aos vídeos, como também escreveu um primoroso parecer destacando a impossibilidade de homologação no Brasil da corrupta decisão equatoriana.[7] Celso não é só um advogado completo, que atende com excelência os mais exigentes clientes, é um advogado ávido e aberto a adquirir mais conhecimento e buscar inovação, sempre, e isso o faz especial, diríamos, único.

Com sua vasta experiência com os julgamentos do STJ, Celso não se conformou em participar apenas da definição da estratégia. Redigiu peças densas e reviu cada documento e argumento com afinco. A entrega total e irrestrita à causa, demonstrada no conhecimento dos detalhes das mais de 24 mil páginas de documentos juntados aos autos do processo perante o STJ, impressionou não só os clientes e os demais advogados dos escritórios encarregados da defesa da empresa, mas também os advogados que acompanhavam o deslinde do caso por sua relevância para a jurisprudência do STJ. Às vésperas do julgamento, foi amplamente noticiado pela imprensa que se tratava de caso inédito e também o caso de maior valor em discussão perante do STJ.[8]

Em um caso em que estavam em jogo inicialmente US$ 18 bilhões (valor reduzido para US$ 10 bilhões pelas cortes equatorianas enquanto o processo de homologação da sentença tramitava perante no STJ), os clientes tinham todas as razões para

---

7 https://www.juiciocrudo.com/julgamentobruto/articulo/pgr-recomenda-que-brasil-nao-homologue-decisao-contra-chevron-no-equador/447

8 https://migalhas.uol.com.br/quentes/265695/reviravolta-no-caso-chevron--stj-analisa-desistencia-na-homologacao-da-sentenca-estrangeira

serem extremamente sensíveis e ansiosos. Além disso havia, na equipe de defesa, advogados norte-americanos reconhecidos por sua elevada litigiosidade.

Celso foi essencial na definição das prioridades, das táticas e no estabelecimento dos limites e diferenças de atuação e argumentos que teriam mais força em nossa jurisdição, pois o caso envolveu e teve interferência de equipes de advogados estrangeiros porque tinha frentes no Equador, nos EUA, na Holanda, no Canadá, na Argentina e até em Gibraltar. Com tato, bom humor e muita paciência (o advogado da parte contrária apresentou uma petição de renúncia na véspera do julgamento), Celso Mori nos ensinou sobre a importância de saber lidar com pressão, diferenças culturais e inusitadas abordagens estratégicas, sempre com tranquilidade e firmeza.

A habilidade de Celso nas relações interpessoais também não pode deixar de ser destacada, sob a perspectiva desse caso concreto. Ele tratou todos os que de alguma forma se envolveram ou se interessaram pelo caso com a mesma cordialidade e atenção. Foram advogados e juristas brasileiros e norte-americanos, pareceristas de renome (dentre os quais a saudosa professora Ada Pellegrini Grinover, os Ministros Eduardo Ribeiro, Luís Roberto Barroso, Francisco Rezek), jornalistas, associados mais jovens, estagiários, pessoas de apoio administrativo, estudantes interessados na discussão e *ex adversos*.

Quem viu Celso Mori conversando com o *ex adverso* enquanto aguardavam o início da sessão de julgamento jamais poderia crer que em pouco tempo estariam enfrentando-se em sustentações orais em um caso de tamanha relevância. Sua serenidade diante dos momentos mais tensos é um bálsamo para a equipe e os clientes. Sua cordialidade também o é. Sempre há, nas conversas com Celso, a lembrança de uma interação anterior, um elogio, uma mensagem de otimismo e encorajamento. Uma impressionante capacidade de fazer com que o interlocutor se sinta especial, não importa quando nem o porquê.

Após muito trabalho nas audiências com os Ministros da Corte Especial do STJ, Celso dividiu com o ex-Ministro Carlos Velloso a sustentação oral de 15 minutos quando do julgamento do caso no final de 2018. A humildade e a vocação do Celso para a plena satisfação do cliente novamente ficaram claras. Ele trabalhou árdua e individualmente para conter a sua extraordinária habilidade para improvisação e para apresentar um discurso previamente planejado e combinado de 7 minutos e meio, revisto no detalhe pelo cliente. A fala foi curta, forte e precisa. Merece ser compartilhada com os que lá não estiveram e registrada para a posteridade:

> "Este é um momento grave, de um caso grave. Julga-se aqui hoje, neste pedido de homologação de sentença estrangeira, uma questão fundamental da República: julga-se a soberania. Não a soberania do Equador, país de origem dessa sentença. Mas a soberania do Brasil. Ao término deste julgamento, tenho certeza que se dirá que o Equador é livre e soberano para organizar o seu sistema judiciário como lhe aprouver, e para produzir no seu território as decisões judiciais que entender de produzir. Mas, tenho mais do que esperança, tenho a certeza absoluta de que se dirá também que no Brasil não se cumprem decisões judiciais obtidas mediante fraude, por meios que jamais seriam tolerados no Brasil, por violação chocante da nossa ordem pública.
>
> Parece audaciosa agressividade do advogado referir-se a uma sentença judicial estrangeira como fruto de fraude processual. Entretanto, quem faz essa afirmação não é o advogado que lhes fala. Quem fez essa afirmação foram os advogados que, no Equador, conduziram e perpetraram a fraude. Tais advogados, entre outras barbaridades que fizeram e disseram, filmando-se a si próprios em cenas cujos vídeos tivemos a oportunidade de juntar

ao processo, conversando entre eles e na suposição de que aqueles filmes seriam descartados, afirmaram textualmente:

"(...) **o problema, companheiro, é que os efeitos** [da disponibilização dos documentos confidenciais nas ações de *discovery* nos EUA] são potencialmente devastadores no Equador (além de arruinar o processo, podemos ir todos os seus advogados para a cadeia), e não estamos dispostos a minimizar nossa preocupação e esperar sentados para ver o que pode acontecer."

E é a sentença estrangeira produzida com essa conduta dolosa que pretendem homologar aqui, para que passe a ter perante o mundo, lavada na credibilidade deste Tribunal, a respeitabilidade aparente que lhe possa conferir o prestígio do Poder Judiciário do Brasil. Ouvimos todos, com a merecida atenção, as palavras do Dr. Sérgio Bermudes. Pretendem os autores deste pedido de homologação que o Direito, e especialmente o Direito Internacional, seja um exercício de formalidades. Pretendem que se importem as sentenças judiciais como se fossem mercadorias bem embrulhadas, das quais só se pudessem examinar as aparências externas.

Sustentaremos nós que as relações internacionais dos Poderes Judiciários são fundamentalmente relações de Direito e de civilidade. O que transita através das fronteiras é o Direito mesmo, porque o Direito não tem pátria. Não o seu arremedo, nem tampouco as suas falsificações.

Senhoras e Senhores Ministros. Neste processo, em que tenho a honra de dividir a tribuna com o ilustre sob todos os títulos Dr. Carlos Velloso, Ministro aposentado do Supremo Tribunal Federal, falamos pela Chevron Corporation.

Chevron Corporation que nunca atuou no Equador, nem por si nem por nenhuma de suas subsidiárias. Mas que foi condenada no Equador ao pagamento de uma indenização de 18 bilhões de dólares por supostos danos ambientais e à saúde que teriam sido causados por sua exploração petrolífera. Depois de iniciado este procedimento de homologação, a sentença anexada à petição inicial foi parcialmente reformada no Equador, porque a Corte Nacional de Justiça reconheceu, constrangidamente, que praticamente metade daquele valor não poderia subsistir, porque correspondia a *punitive damages*, instituto que nem sequer existe no sistema jurídico equatoriano, mas fora incluído na sentença preparada pelos advogados americanos dos autores, e que o juiz assinara. Reduziu-se com isso a condenação a 9,5 bilhões de dólares, e é essa condenação que busca aqui a chancela do Poder Judiciário do Brasil.

Quais são os fatos? Como se construíram esses absurdos e essas aberrações jurídicas?

Em 1992, uma companhia petrolífera norte-americana chamada Texpet, que era integrante minoritária em um consórcio formado com a Petroecuador, companhia petrolífera estatal do Equador, parou de atuar no Equador. Naquela altura, havia contra o Consórcio formado por aquelas duas empresas várias acusações de danos ambientais, algumas acusações administrativas, outras judiciais. Com a extinção do Consórcio, a Texpet fez com o governo equatoriano e a Petroecuador um plano de remediação ambiental. Gastou aproximadamente 40 milhões de dólares, cumpriu rigorosamente o plano de recuperação, e restaurou a qualidade ambiental dos locais de sua responsabilidade. Ao contrário da Petroecuador que nada fez nos territórios pelos quais ficou responsável. Mas a Textpet, em reconhecimento de que cumprira seu dever e suas obrigações, recebeu quitação ampla e irrestrita do governo equatoriano, das municipalidades e das províncias em que atuara. Mais do que isso, teve a transação firmada com as municipalidades homologada judicialmente nas ações em que era processada por danos ambientais.

Passaram-se muitos anos e os advogados americanos dos aqui hoje autores vislumbraram a possibilidade desta fraude processual e puseram-se a campo para praticá-la. Fizeram um acordo com o governo equatoriano e lavraram uma escritura pública em 1996, nos estados norte-americanos de Massachusetts e

Pensilvânia, para assegurar que, se o governo equatoriano mudasse a lei ambiental, para conferir legitimidade processual a toda pessoa física para pleitear danos difusos, eles, advogados americanos, garantiam que seus clientes não processariam a companhia estatal equatoriana ou o governo equatoriano por danos ambientais. Assim foi feito, e a lei mudou.

Com fundamento na nova lei, os advogados americanos procuraram algumas famílias indígenas das regiões onde outrora atuara o Consórcio da Petroecuador com a Texpet. Identificaram aproximadamente quarenta famílias, das quais conseguiram procuração de aproximadamente a metade. O que para eles não foi problema, porque falsificaram as outras vinte assinaturas. E, para os custos da empreitada, procuraram os fundos abutres que financiam brigas judiciais para ficar com parte substancial dos direitos disputados. Levantaram, ao longo deste processo, mais de US$ 32 milhões.

Iniciaram o processo, não contra a Texpet, mas contra a Chevron Corporation. Quando se deram conta do equívoco, que reconheceram expressamente em uma das falas gravadas, decidiram que aquilo não seria problema, porque a Chevron Corporation havia comprado uma das empresas do grupo Texaco, que não era a que havia atuado no Equador, mas tinha alguma relação distante, dentro do grupo Texaco. Disso se valeram para argumentar com uma suposta sucessão de empresas, que nunca existiu.

Proposta a ação e iniciadas as provas periciais por um grupo de peritos de renome indicados pelas partes da ação equatoriana, os autores começaram a sofrer reveses, porque as perícias começaram a dar resultados negativos. Por essa razão, os autores apresentaram um parecer técnico do cientista Richard Calmbacher, que depondo em juízo nos Estados Unidos, afirmou que nunca chegara nem chegaria às conclusões que lhe foram atribuídas, tendo os autores falsificado a sua assinatura no citado laudo. Determinados na sua empreitada, os advogados americanos dos autores, agora associados a advogados equatorianos com boas relações governamentais, requereram a substituição dos peritos especialistas, o que foi indeferido. Para contornar esse problema, os advogados dos autores minutaram uma denúncia em que acusavam o juiz de assédio sexual. E o juiz constrangido e coagido, em retribuição ao fato de a denúncia de assédio não ser protocolada, concordou em substituir os peritos especialistas por um perito único, que chamaram de perito global, e havia justamente sido escolhido pelos advogados dos autores, dos quais já recebia um pagamento mensal. Esse perito, o Sr. Cabrera, concordou em assinar um laudo preparado por uma empresa norte-americana, contratada pelos advogados dos autores, a Stratus Consulting, que depois viria a confessar, nos Estados Unidos e perante as leis americanas, que fizera um laudo com conclusões falsas.

O pior estava por vir. A sentença demorava e o presidente da República do Equador prometeu, em rede nacional, que iria ter uma conversa com o juiz. Mas isso também não foi problema para os advogados dos autores. Com a ajuda de um ex-juiz equatoriano, o Sr. Alberto Guerra, que admitiu judicialmente sua participação nesse ilícito, os autores subornaram o juiz Zambrano com a promessa de 500 mil dólares. Diante desse suborno, os advogados norte-americanos dos autores minutaram eles próprios a sentença que condenou a Chevron. Isso explica porque uma sentença supostamente produzida no Equador condena a ré a pagar *punitive damages* que são corriqueiros nos Estados Unidos, mas não existem no Equador. Esse juiz Guerra confessou perante um tribunal norte-americano que recebia pagamentos dos advogados dos autores e ajudou na redação da sentença assinada pelo juiz da causa, juiz Zambrano. O juiz da causa também depôs em um processo anticorrupção que foi movido nos Estados Unidos contra os advogados dos autores, e ficou evidente que ele não conhecia muitos dos termos constantes da sentença que assinou. Além disso, a prova pericial demonstrou que longos trechos da sentença, palavra por palavra, incluindo erros de digitação, haviam sido copiados de documentos confidenciais dos advogados dos autores, que não constavam de nenhuma peça juntada ao processo.

A sentença do juiz Zambrano foi, evidentemente, desafiada pela apelação. Mas o tribunal de apelação, que produziu a sentença que está anexada à petição inicial deste pedido de homologação, se recusou a examinar as alegações de fraude processual, sob o fundamento de que aquilo era uma afronta à Corte e não lhes caberia tal tarefa. Naquela altura, já existia nos Estados Unidos um processo fundado na lei anticorrupção, conhecida pela abreviatura de RICO. Nesse processo eram réus os advogados americanos dos autores e os advogados equatorianos que lhes davam cobertura operacional e política, bem como os autores equatorianos. Pois bem, ao julgar a apelação, a sentença de segunda instância que foi trazida para homologação declara, com todas as letras, que não iria examinar as acusações de ilícitos processuais porque isso deveria ser decidido em outras jurisdições e já estava sendo examinado nos Estados Unidos, no processo RICO.

Ocorre, Excelências, que a sentença do processo RICO concluiu, nos Estados Unidos, que o processo equatoriano havia sido inteiramente fraudulento, que a sentença equatoriana não era de autoria do juiz que a assinara (Zambrano), e que aquela decisão não poderia ser executada em nenhum lugar dos Estados Unidos. Os advogados dos aqui autores, condenados na ação RICO apelaram, mas a sentença foi integralmente mantida. Recorreram à Suprema Corte Americana, mas seu recurso não foi admitido. Invoca-se, pois, a sentença RICO não como uma sentença estrangeira a ser cumprida no Brasil, que não tem aqui força vinculante de sentença judicial. **Mas como evidência flagrante de que toda a prova que está sendo apresentada aqui, para demonstrar que o processo equatoriano que originou a sentença homologanda é uma inegável fraude, já foi produzida nos Estados Unidos e devidamente aceita.**

Mas, em matéria de prova, há mais a ser dito. Por força de um tratado entre os Estados Unidos e o Equador, no qual as partes se comprometeram a tratar as respectivas companhias investidoras dentro da lei e do devido processo legal, instaurou-se em Haia um procedimento arbitral contra o Equador. Essa arbitragem ainda não terminou, mas as sentenças definitivas nela até agora produzidas para solucionar os diferentes temas controvertidos afirmam categoricamente que a sentença equatoriana não pode ser executada no Equador e que o Estado equatoriano se deve abster de qualquer ato de cumprimento daquela sentença, exatamente porque ela é fruto de fraude.

Esses, Excelências, em corrida síntese, os fatos da causa. As consequências jurídicas que deles decorrem são graves, e impedem a homologação da sentença estrangeira. Mas, sobre essas consequências, melhor falará o Dr. Carlos Velloso, a quem tenho a honra de passar a palavra.

A nossa vitória veio por unanimidade e a sentença equatoriana não foi homologada por falta de jurisdição, após o relator, Ministro Luis Felipe Salomão, ter proferido fundamentado voto destacando a violação da ordem pública em razão da corrupção e fraude ocorridas no processo equatoriano.[9]

E assim tem sido desde 1972 em Pinheiro Neto Advogados: a vitória da ética no detalhe com brilhantismo, humildade, vontade, otimismo, profundidade e segurança. Ao Celso, líder e principal figura da equipe que o cliente chamou de "*best legal team ever assembled in Brazil*", o nosso eterno agradecimento pela oportunidade de poder desfrutar de sua companhia, liderança e orientação.

9 https://www.juiciocrudo.com/julgamentobruto/articulo/posicionamento-da-chevron-corp-sobre-o--voto-proferido-por-ministro-brasileiro-a-respeito-da-sentenca-equatoriana-fraudulenta/851

Sincopado

"Quem não gosta de Celso,
bom sujeito não é..."
(Dorival Caymmi/Novos Baianos)

João Marcelo Pacheco
(maior aprendiz)

Como descrever nosso querido Celso Mori?

A tarefa poderia ser simples, reiterando elogios interestelares de todas as sortes, todos justíssimos – não pelo efeito de sua repetição; e sim pela constatação diária, há tantas décadas. Brilhantismo, cultura, humildade, postura, comprometimento, educação, senso de liderança e de equipe, desprendimento e bom humor ímpares, e lá se iriam vários tomos...

Mas preferi me arriscar muito, e me aventurar em algo que conheço pouco – as nuances da música – convicto de que vale a pena por alguém que admiramos tanto. Vamos lá (que me perdoem os craques da música).

Celso, um cara sincopado

Desde que entrei (bastante desajeitado) no Escritório, comecinho de 1998, sempre houve muitos advogados e Sócios admiráveis, na postura, no conhecimento, na conduta, no carisma e nas conquistas. Celso orbitava nessa galáxia.

Por mais que nutrisse uma enorme admiração, ela era distante. Tardou alguns anos para que eu tivesse algumas oportunidades, muito bem aproveitadas, de melhor conhecê-lo, seja em reuniões semanais de advogados, em discussões de casos cabeludos, seja, por fim, nalgumas circunstâncias sociais.

Por que sincopado?

Esse é um termo que sempre me intrigou, muito usado para qualificar certos ritmos tipicamente nacionais – na bossa nova e no samba – aclamados em todo canto.

É um elemento musical que distingue com qualidade indiscutível, e contribui para, o suingue brasileiro. Altera a fluência dos tempos e contratempos. Segundo consta, uma música sincopada tem uma acentuação e deslocamento do ritmo, pelo prolongamento do som em um tempo fraco, ou mesmo pela extensão de uma nota fraca até o tempo ou nota forte seguintes.

Pode preencher ou interromper um silêncio. Mexe com o curso normal. Balança. Contrapõe. Adiciona. Inova. E, invariavelmente, mesmo sem qualquer pretensão, chama imediatamente a atenção para si, pelo que é e pelo que sempre causa e modifica a seu redor, no tempo, no espaço (e no som).

Fica ainda mais interessante (ou difícil de compreender?): "Muitas vezes nas músicas temos um efeito de deslocamento natural da acentuação, ou seja, o tempo forte, primeiro tempo do compasso, é preenchido por pausa (silêncio) ou então temos um prolongamento do som anterior."[1]

Celso Mori faz tudo isso. Tem um ritmo e sonoridade próprios, espetaculares. Desses que se vê, se ouve, com espanto, uma ou pouquíssimas vezes na vida. Uma acentuação vibrante, de um pensador-comunicador que cativa a qualquer um. Quando fala ou escreve, faz eco, deixa marcas – prolongando(-se n)o tempo – pelo conteúdo transmitido e pela forma de fazê-lo.

E as pausas? Seja como dom ou técnica da verbalização, seja como abertura à reflexão e interjeição do interlocutor: intervalos precisos, sem pompa, aguardados, sublinhando o que já se disse, ou preparando o que virá.

Aprendi também que a síncope pode igualmente resultar no preenchimento repentino de um som fraco ou silêncio, elevando sua potência, trazendo força tanto inesperada como definidora do rumo a seguir.

De novo, trata-se de nosso Celso, em linguagem de partitura. Dizem os entendidos da música que tocar instrumentos com a inserção de síncopes demanda uma sofisticação considerável. Não

1 https://pt.wikipedia.org/wiki/S%C3%ADncope_(m%C3%BAsica) – citação desta fonte não implica qualquer demérito ao objeto do artigo, eis que das definições mais simples encontradas...

é para amadores. A bossa nova, ao surgir, que o diga, sorvendo daquele tio bacana, o jazz. Já ao ouvinte atento, ainda que (como eu) sem profundidade, poder identificar essas batidas e contrabatidas é um deleite. Faz a diferença. Impossível ser impermeável. Abre um largo sorriso, convida a participar, chama à pista. Consubstancia um dos aspectos distintivos de nossa sonoridade e nossa cultura musical. E, delas, o orgulho que temos, sobram paralelos com nosso Celso.

Feita de muito esmero, talento e transpiração, mas com um compasso, uma elegância, um carisma e uma simplicidade particulares, quase mágicos. Contagiantes. Bossa nova e samba dos bons são poesia, técnica apuradíssima, conteúdo e forma irretocáveis – e, pulsando com vigor seu fio da meada, as síncopes. Marcando um estilo envolvente, convidam ao convívio, ao coletivo do qual fazemos parte, e que queremos perpetuar.

Perpetuar nosso Escritório, nosso inigualável Celso Mori, e, por que não, o avanço de nosso país.[2]

Após alguma reflexão, tentando aproximar a lupa de tudo isso, espremer ao máximo seu sentido, e definir simplificadamente uma história viva e um personagem tão ricos como esses, creio ter concluído algo óbvio.

Celso é uma lição de amor – a quem o cerca, à profissão e às (boas) leis, a nosso Escritório Pinheiro Neto, à cultura e ao conhecimento, à civilidade e retidão, ao Brasil e ao otimismo de gente que faz e inspira, e muito.

Dando cabo a minha própria síncope e arritmia (agora, em jargão clínico) com essa tentativa de homenagem, encerro com

2 Para quem não ouviu, recomendo muitíssimo o discurso de Celso como orador de sua turma da São Francisco, disponível no Youtube.

provavelmente o principal: agradecer e torcer. Agradecer por tudo que temos aprendido com o Celso. Agradecer a oportunidade de pausar para, ao tê-lo como foco, reorganizar minhas, ou nossas, prioridades. E torcer. Para que mais integrantes do Escritório, atuais e por vir, tenham as oportunidades que os mais experientes tiveram dessa convivência, da atenção a sua produção jurídica, e principalmente, do espelhamento de sua conduta e de traços marcantes de sua personalidade encantadora. Torcer para que essas tantas qualidades do Celso, polinizadas por décadas em nosso dia a dia, sejam absorvidas e exercidas pelo maior número de nós.

Celso moldou e permanecerá em nosso DNA por gerações a seguir. Nosso DNA, sincopado e incomparável. Não deixe(mos) esse samba morrer.[3]

Muito obrigado, com amor recíproco.

3 "Não deixe o samba morrer / Não deixe o samba acabar (...) / Quando eu não puder / Pisar mais na avenida / Quando as minhas pernas / Não puderem aguentar (...) / Antes de me despedir / Deixo ao sambista mais novo / O meu pedido final / Não deixe o samba morrer / Não deixe o samba acabar..." – trechos de 'Não Deixe o Samba Morrer', canção de Alcione

Serendipidade

"Meu nome é Celso Cintra Mori.
Advogado e, tão somente, advogado."

Álvaro Uliani

Andando pelos corredores da PUC de São Paulo rumo ao Pátio da Cruz, local sagrado que atravessava nos intervalos entre as aulas para meditar e conversar com os encantados, deparei-me com uma aglomeração na porta de um pequeno auditório onde se faziam as colações de grau e os seminários. Na porta, um anúncio de papelão: "As Carreiras Jurídicas – Colóquio". Como não tinha pressa alguma para voltar à aula, tomei assento na primeira fileira, o mais próximo que pude da porta caso resolvesse sair antes de as palestras terminarem, cacoete de diletante.

O primeiro palestrante era um magistrado. Integrante de algum tribunal importante, vestindo um paletó azul com um escudo de universidade americana bordado no peito e botões dourados de capitão de navio de cruzeiro. Ao ser anunciado, passou uma folha de papel ao aluno que fazia as vezes de mediador, dando a entender que deveria ser precisamente apresentado à plateia antes de benzer a todos com seu conhecimento. O texto, um currículo, ou o que hoje chamamos de "bio", foi lido de forma solene. Mestrado não sei onde, doutorado em sei lá o quê, pós-doutorado na França (que ninguém é de ferro), livros publicados, professor emérito da Universidade de Coimbra, essas coisas importantes que homens importantes exigem que sejam ditas a seu respeito antes de abrirem a boca para que os que escutam saibam que se trata de um homem importante falando coisas importantes.

Antes de a leitura terminar, o magistrado (ou, mais precisamente, o currículo) foi aplaudido pelo público presente – era 1991, não havia ainda celulares; as pessoas prestavam atenção ao que se dizia em palestras. Passaram-lhe o microfone. Falou sentado, com uma voz horrível, desafinada. Não disse nada que deixasse recordação. Dele, só lembro mesmo do paletó e da empáfia.

Eram dois palestrantes, o colecionador de títulos, e um outro. Terminada a fala do primeiro, após aplausos tímidos, menos empolgados do que os destinados à sua ficha corrida, o mediador, agora experiente, olhou para o outro, esperando receber um papel que o apresentasse. O homem, impávido, fez apenas um sinal com a mão, pedindo o microfone.

Bonitão, óculos grossos de tartaruga, levantou da cadeira e começou a falar de um jeito pausado, seguro, de quem pensa enquanto fala, escolhendo sempre a palavra justa. Voz de barítono que lembrava o Sérgio Chapelin, locutor do Globo Repórter à época.

– Sinto-me honrado, e um pouco envergonhado, por dividir o púlpito com um homem tão brilhante. Meu nome é Celso Cintra Mori. Ao contrário do meu predecessor, sou advogado e, tão somente, advogado.

Do resto da fala não me lembro, mas sei que decidi ali mesmo, enquanto Celso era aplaudido de pé ao terminar a palestra, qual seria minha carreira jurídica e o lugar onde queria trabalhar.

A grande virada

A sabedoria de se comemorar uma decisão na hora certa

Marcello Alfredo Bernardes

Estávamos em pleno ano de 1997 e o Brasil era presidido pelo ex-ministro da Fazenda do governo Itamar Franco e ex-senador da República, Fernando Henrique Cardoso.

Domingo, 6 de julho, o jornal Folha de S.Paulo estampava na coluna do jornalista Elio Gaspari um texto bombástico em que insinuava a existência de um esquema na Petrobras, envolvendo toda a sua diretoria, tendo como beneficiária uma empresa estrangeira que teria sido contratada para realizar a transformação de um navio em plataforma de petróleo, contratação essa realizada supostamente de forma ilegal e sem licitação.

A coluna utilizava como figura de retórica um quadro que retratava a nobreza dos tempos do Império. Mas no lugar do rosto do nobre que posou para aquela pintura havia uma foto do Dr. Joel Rennó, à época presidente da Petrobras.

A matéria jornalística, pela gravidade das acusações existentes, deu ensejo à instauração de um processo investigatório no âmbito do Ministério Público Federal, processo esse que resultou no ajuizamento de ação de improbidade administrativa contra toda a diretoria da Petrobras e da empresa estrangeira contratada pela Brasoil e considerada beneficiária do ato supostamente ilegal.

O Escritório é contratado para defender os interesses dessa empresa estrangeira. Na Justiça Federal de primeira instância o processo é conduzido com a mão de ferro da conhecida Dra. Salete Macaloz, hoje já falecida.

A sentença de primeira instância acolheu o pedido inicial para condenar todos os réus, incluindo a empresa estrangeira, às seguintes penas de inidoneidade previstas no art. 12 da Lei nº 8.429/92: (i) ressarcimento integral do dano, (ii) perda do cargo ou função pública, (iii) suspensão dos direitos políticos por oito anos, (iv) pagamento de multa civil no valor de duas vezes o valor do dano e (v) proibição de contratar com o Poder Público ou receber benefícios fiscais ou creditícios, direta ou indiretamente, por cinco anos.

A condução do caso cabia até então a mim, juntamente com a valorosa e aguerrida equipe do Contencioso do Escritório do Rio de Janeiro, onde já se destacava a Dra. Elina Cunha, ou ELN – no Escritório, os advogados ganham uma sigla formada por três letras como identidade corporativa. Aquela decisão, que contrariou os interesses do cliente, e as consequências dela advindas deixaram os representantes da empresa estrangeira em estado alerta. Uma legião de representantes da empresa veio então ao Brasil para uma série de reuniões no Escritório.

Precisávamos, no jargão popular, pensar fora da caixa. Depois de alguns dias em intensas reuniões, foram várias as ações definidas como estratégicas, como a contratação de um parecer jurídico de um especialista na área de Direito Administrativo, por exemplo. O escolhido para a elaboração do parecer foi o Professor Carlos Ari Sundfeld.

Mas ainda faltava alguma coisa. Os representantes do cliente pareciam mais tranquilos, mas somente se acalmaram quando, em reunião realizada em nosso Escritório do Rio de Janeiro, nós asseguramos que o caso passaria a contar com a participação e liderança do Dr. Celso Cintra Mori (CCM), à época Coordenador da Área e integrante do Grupo Executivo.

CCM passa a liderar a estratégia do caso, se envolvendo desde as discussões para se definir o nome do administrativista a ser contratado para o parecer até a preparação dos memoriais, audiências com os desembargadores e sustentação oral perante o Tribunal Regional Federal da 2ª Região.

No dia do julgamento, a sala de sessões estava repleta de advogados. Eram vários os diretores e ex-diretores da Petrobras presentes, réus no processo, cada qual com o seu advogado.

Todos tensos e ao mesmo tempo ávidos para sustentar as razões pelas quais entendiam que a sentença condenatória teria que ser reformada pela Câmara julgadora.

Advogados renomados, alguns conhecidos pelo seu passado na defesa de presos políticos, se revezavam na tribuna do Tribunal. Caberia a CCM encerrar a sustentação oral por parte dos recorrentes.

CCM, como de costume, não fez por menos. Sem falsa modéstia, posso afirmar que o TRF-2 assistiu a melhor sustentação oral daquela sessão, entre várias outras ótimas. A elegância, a eloquência e a energia das palavras de CCM deixaram os julgadores e a plateia embevecidos. Na tribuna coube a CCM, dentre outros temas, tratar de questões interessantes como escolha discricionária do administrador e inexistência de competição a justificar a dispensa de licitação, sem falar na inexistência de prejuízos comprovados. Um verdadeiro *gran finale*!

Terminadas as sustentações orais, o relator, Desembargador Federal Guilherme Calmon, dá início ao seu voto.

A cada frase pronunciada, a cada citação do parecer dado pelo Professor Carlos Ari Sundfeld, sentíamos que a "sorte" estava mudando de lado e que a sentença de primeira instância estava próxima de ser reformada e a ação seria julgada improcedente para absolver os réus, desde toda a diretoria da Petrobras até a empresa estrangeira, nossa cliente, apontada como beneficiária do considerado ato ilegal.

A emoção tomava conta do plenário. CCM notou que os seus companheiros de bancada estavam nitidamente sensibilizados e emocionados com a decisão que se avizinhava. Com a elegância e com a fleuma de sempre, mas com olhar doce, CCM pontificou: "Meus caros, vamos deixar para comemorar esse grande resultado fora da sala de sessão".

Nossa respiração

Da arte de inspirar advogados e expirar sabedoria

Roberta Bilotti Demange

Alguns dizem que a respiração é a faísca inicial e constante da vida e a acompanhará até sua finitude. Muito embora qualquer um consiga perceber de maneira clara o quão vital é o ato de respirar, passamos a maior parte do tempo sem sequer perceber que estamos respirando, entretidos em nossos infinitos processos mentais.

Nosso Escritório respira. E nossa respiração, há quase meio século, tem nome. Para mim, o nome dela é Celso Mori. Vejam: eu não seria piegas ao ponto de dizer que Celso é o ar que respiramos; a energia vital de nosso Escritório vem, sem qualquer sombra de dúvidas, dos nossos inúmeros integrantes que nutrem nosso gigante organismo com a entrega absoluta de tudo o que há de melhor dentro de cada um deles. No entanto, ouso dizer que Celso é o maior exemplo do ato de respirar em si; a mais clara personificação do processo contínuo, leve, profundo e necessário de inspirar e expirar.

Celso inspira. Inspira a todos. Vive o Direito com leveza, profundidade e, principalmente, com interesse. O sorriso largo em seu rosto ao chegar ao Escritório todas as manhãs nos remete à euforia do primeiro dia de trabalho. Um mundo novo está sempre à sua espera a cada manhã, há mais de 50 anos, no mesmo conhecido lugar. Seu brilho intenso atrai à sua mesa todos os desafios que a alguns trazem pavor. Ao Celso, a chegada de um novo desafio revela um mar de oportunidades. Os desafios são o alimento da sua nova melhor versão. Assim, inspirados, por quererem chegar também um pouco mais perto do que ele é, todos também acordam, também sorriem, também encaram seus desafios e também se empenham em encontrar a sua melhor versão.

E então, de braços abertos, aguardamos diária e ansiosamente pelo processo inverso: a expiração. Celso expira por todos os seus poros a genialidade daqueles que compreendem que a sabedoria é um processo contínuo e nada mais que a própria busca em si. Exala confiança, desperta curiosidade, emana conhecimento e comprometimento. Os momentos são vários, desde aqueles de mais puro deleite, àqueles da mais terrível aflição.

É evidente a comoção dos corredores quando Celso resolve sair de sua sala para discutir nos vãos do andar a situação política do país ou divagar um pouco sobre a natureza humana. São dezenas de advogados, estagiários e Sócios que, com ligeireza e sob pena de perderem uma grande oportunidade, param o que estiverem fazendo para aquele momento de reflexão. Chegamos com opiniões fortes e saímos com a felicidade que só a mais plena desconstrução de verdades dogmáticas pode trazer. Ele expira e nós absorvemos tudo o que só ele é capaz de, em poucas e boas palavras, nos passar.

Já na aflição, quando liminares são concedidas ao apagar das luzes, sentenças desfavoráveis publicadas e temos a sensação de que o fim se aproxima, Celso exala acolhimento e transformação. Transforma aquele momento de terror na mais rica experiência profissional da sua vida. Transforma seus receios na mais profunda exploração de sua capacidade intelectual. Sua escuta ativa nos traz a segurança de que não estamos sozinhos e sua clareza nos permite enxergar uma série de caminhos disponíveis a nossa frente.

Assim, diariamente e há tantos anos, Celso faz seu papel silencioso; finge, tal como a respiração, ser natural; finge ser trivial. Mas nós, com muita lucidez, respeitosamente e com o peito cheio de gratidão, reconhecemos: tal como a própria respiração, sempre foi e continua sendo para cada um dos que tem a sorte de com ele conviver, simplesmente vital.

Vanguarda do Direito

A forma como Celso Mori enxerga e aplica o Direito é única

Elina Cunha Friedl
Fernanda Bortolini

Ao longo dos últimos anos tivemos diversas oportunidades de trabalhar em equipe com esse grande mentor que é Celso Cintra Mori. E dizemos "em equipe" porque o estimado Celso Mori, além de possuir notório saber jurídico e experiência, é também reconhecido pela humildade ao liderar e repassar o seu conhecimento. Dentre tantos casos emblemáticos, a nossa escolha para este artigo em especial levou em consideração a sua festejada habilidade de pensar soluções jurídicas à frente do seu tempo.

Vamos ao caso!

Antes da edição do Decreto-Lei nº 4.657/1942, havia no Código Civil de 1916 uma parte introdutória com 21 artigos. Optou-se, na época, por retirar essa parte introdutória do Código Civil e dar-lhe existência autônoma. O Decreto-Lei foi então concebido como Lei de Introdução ao Código Civil Brasileiro (LICC) e objetivava funcionar como "Lei sobre as Leis". Muito embora o referido Decreto-Lei regulasse normas jurídicas de forma geral, havia quem defendesse sua inaplicabilidade ao Direito Público. Não por coincidência, em 2005, foi apresentado o Projeto de Lei nº 6.303 propondo a alteração da sua ementa, aprovado em 2010 por meio da Lei nº 12.376. Em consequência, o Decreto-Lei nº 4.657 passou a ser chamado de Lei de Introdução às Normas do Direito Brasileiro (LINDB).

Apesar de haver um consenso teórico sobre a aplicação da LINDB tanto para o Direito Público, como para o Direito Privado, a questão não se revelou tão clara e pacífica na prática, em especial quando se pretendeu justificar a inaplicabilidade da Lei nº 8.666/93 (Lei de Licitações) nas contratações realizadas pela Administração Pública no exterior[1] com base no artigo 9º da LINDB.[2]

É exatamente essa a situação que será comentada neste artigo, com o posicionamento firme e consistente de Celso Mori sobre a questão.

1 A hipótese em discussão não trata de contratações pelas repartições sediadas no exterior e, portanto, inaplicável o artigo 123 da Lei de Licitações. Trata-se de situação em que o Governo Brasileiro contratou serviços de empresa estrangeira no exterior, com execução também no exterior.

2 Art. 9º Para qualificar e reger as obrigações, aplicar-se-á a lei do país em que se constituírem. (...) § 2º A obrigação resultante do contrato reputa-se constituída no lugar em que residir o proponente.

1. *Histórico do caso*

Era novembro de 2014. A cliente havia sido condenada em Ação Popular ajuizada em 2002, que questionava o contrato por ela celebrado com determinado ente da Administração Pública. Entendeu-se que o contrato firmado e executado em Nova Iorque (EUA) seria nulo por supostamente não ter observado a Lei de Licitações. A cliente procurou Celso Mori e pediu-lhe para ingressar no processo em parceria com os seus patronos originais.

Uma das teses inovadoras sugeridas por Celso Mori foi a de sustentar a própria inaplicabilidade da lei brasileira diante da regra prevista no artigo 9º da LINDB (*para qualificar e reger as obrigações, aplicar-se-á a lei do país em que se constituírem*). Era incontroverso o fato de o contrato ter sido firmado e executado em Nova Iorque. Por essa razão, a sua lei de regência deveria ser a Lei de Nova Iorque, e não a legislação brasileira.

O argumento foi recebido com certa reserva pelos advogados parceiros. Parecia-lhes um tanto quanto ousado sustentar que a Lei de Licitações não se aplicaria aos contratos da Administração Pública. Entretanto, com a tranquilidade e elegância que lhe são inerentes, Celso Mori passou a discorrer sobre a importância e pertinência do argumento.

É que a regra do artigo 9º da LINDB estabelece de forma clara que as obrigações serão qualificadas e regidas com base na lei do país em que se constituírem, não havendo motivos, ao seu ver, para negar a aplicação desse dispositivo ao Direito Público.

Apesar do consenso teórico sobre a aplicabilidade da LINDB ao Direito Público e da brilhante tese finalmente desenvolvida por Celso Mori nas razões recursais, o Tribunal Estadual decidiu que o artigo 9º da LINDB seria restrito aos contratos regidos pelo Direito Civil.

2. *O recurso especial interposto*

Em sede de recurso especial foi suscitada a violação ao artigo 9º da LINDB, por ter o Tribunal Estadual negado sua vigência no âmbito das contratações públicas.

Em despacho com o Ministro relator do caso no Superior Tribunal de Justiça, Celso Mori brilhantemente esclareceu que não se discutia a necessidade de observância dos princípios da Constituição Federal pela Administração Pública, como havia sido decidido pelo Tribunal Estadual, e sim a inaplicabilidade da Lei de Licitações para reger uma determinada contratação constituída e executada no exterior em razão da regra estabelecida no artigo 9º da LINDB.

Nessa linha, o recurso especial destacou que a LINDB é uma norma preliminar à totalidade do ordenamento jurídico nacional, apontando diretriz para a solução de conflito de leis no espaço, sejam elas normas de Direito Privado ou de Direito Público.

Outros grandes juristas também já tiveram a oportunidade de se manifestar sobre o tema, como foi o caso de Maria Helena Diniz:

> "A Lei de Introdução não é, portanto, parte componente do Código Civil, pois, devido ao seu teor, é bem mais ampla do que sua antiga denominação sugeria. Não deixava de ser lei introdutória ao Código Civil porque suas normas se aplicam ao direito civil, mas, na verdade, é mais do que isso, por conter limitações específicas às leis em geral, daí ser acertada a nova nomenclatura. Seus primeiros artigos (1º a 6º) contêm normas emanadas do espírito da Constituição Federal, como, p. ex, as atinentes à publicação e à obrigatoriedade das leis. Deveras, as disposições alusivas à vigência das normas não poderão ser tidas como específicas do direito civil, e além disso, os seus arts. 7º a 19 apontam diretrizes para a solução dos conflitos de leis no espaço.
>
> Em nosso país, portanto, a Lei de Introdução ao Código Civil era, como já dissemos, muito mais do que sua antiga nomenclatura podia indicar. Trata-se de uma norma preliminar à totalidade do ordenamento jurídico nacional."

O ensinamento de Nelson Nery Junior também merece ser destacado:

> "Tradicionalmente, as Leis de Introdução ao Código Civil recebem esse nome, embora possuam abrangência maior, com características de verdadeiras normas de sobredireito, porque se prestam a regular a introdução ao direito, e não apenas ao Código Civil.
>
> (...) O art. 1º da L. 12376/10 tem a seguinte redação: 'Esta Lei altera a ementa do Decreto-lei 4567, de 4 de setembro de 1942, ampliando o seu campo de aplicação'. Por esse texto expresso, a LINDB não é apenas constituída de normas de introdução ao Código Civil, mas a todo direito brasileiro. Sempre foi assim. A Lei de Introdução, pela sua própria natureza, tem sido considerada por doutrina e jurisprudência, no Brasil e fora dele, como Norma de Sobredireito, a significar que é constituída de normas que servem de introdução a todo o direito brasileiro e não apenas ao Código Civil. Sua abrangência para além do CC sempre se deu pela sua natureza e conteúdo. O disposto no LINDB 1º é expletivo e desnecessário."

Até o fechamento deste artigo, o caso ainda estava pendente de julgamento pelo Superior Tribunal de Justiça. Como em diversos outros casos, Celso Mori levou à Corte Superior tese inovadora que, em muito, contribuirá para o esclarecimento de como a legislação deve ser aplicada. Mais uma vez, deixa a sua contribuição para a garantia da segurança jurídica, principalmente por se tratar de norma tão importante para o ordenamento jurídico brasileiro, como é o caso da LINDB.

3. *As recentes alterações legislativas*

O firme posicionamento e perseverança de Celso Mori no sentido de defender a aplicabilidade da LINDB como norma de sobredireito, aplicável também ao Direito Público, se deu em total harmonia com o próprio momento histórico do país, quando foram revistos conceitos e posições relativas às relações com a Administração Pública, visando maior segurança jurídica.

Em 2015, foi apresentado projeto de lei do Senado Federal, pelo então Senador Antonio Anastasia, propondo incluir na LINDB artigos específicos sobre o Direito Público, o que foi efetivado por meio da Lei nº 13.655, de 2018.

Igualmente, a nova Lei de Licitações publicada em 2021 estabeleceu em seu artigo 5º que devem ser observadas as disposições da LINDB nas licitações e contratos administrativos (Lei nº 14.133/2021).

Se havia alguma dúvida ou corrente minoritária no sentido de defender a aplicação restrita da LINDB aos contratos privados, as recentes alterações legislativas certamente a eliminaram, tendo sido essa a visão de vanguarda sempre fortemente defendida por Celso Mori.

4. *Conclusões*

A forma como Celso Cintra Mori enxerga e aplica o Direito é única. A capacidade de ver a lei como expressão máxima do interesse público, dissociada de ideologias – frase essa de sua autoria e que merece ser sempre repetida – não é para muitos. Sua incansável busca pela aplicação da lei também de forma isenta de pré-conceitos, aplicando-se simplesmente o comando legal por ser essa a forma de satisfazer o interesse público, merece ser sempre destacada, festejada e repetida.

Referências

DINIZ, Maria Helena. *Lei de Introdução às Normas do Direito Brasileiro Interpretada*. 18ª ed. São Paulo: Saraiva, 2013. p. 21/22.

NERY JUNIOR, Nelson. *Código civil comentado*. 11. ed. São Paulo: Editora Revista dos Tribunais, 2014. p. 205/206

O jogo dos Tribunais Superiores

Com a bola nos pés e a ação na cabeça,
Celso Mori é o craque que joga e deixa jogar

Vicente Coelho Araújo

Celso Mori atuou e continua a atuar em uma enormidade de casos, representando inúmeros clientes perante os Tribunais Superiores brasileiros. Conta que, recém-formado, precisava vir a Brasília para fazer uma sustentação oral perante o Supremo Tribunal Federal e, não bastasse o frio na barriga, ainda teve que lidar com inesperado atraso de voo e a necessidade de contatar o gabinete do Ministro relator, que então lhe prometeu aguardar sua chegada ao Tribunal para apregoar o processo e ouvir sua defesa oral. E assim foi feito. Não me lembro se teve seu recurso provido – acho que sim –, mas isso não é o que importa aqui.

O início de uma trajetória de brilho nas tribunas brasilienses se deu com esse fato inusitado. Deve ser o tal a que Clarice Lispector se referia ao escrever a uma amiga que "o inesperado bom também acontece".[1] Celso, se a memória aqui não me trair, costumava atuar na área trabalhista, ou até fazendo de tudo um pouco, como muitos advogados em começo de carreira, antes de passar a integrar Pinheiro Neto Advogados. E esse tal primeiro caso, imaginem, era de Direito Penal – efetivamente não era o tema com o qual aquele advogado iniciante tinha mais intimidade.

Surgem em Brasília, para a história dos Tribunais Superiores, algumas de suas características tão marcantes quanto importantes: resiliência, capacidade de adaptação, firme propósito de sempre empreender seus maiores esforços na defesa de seus clientes e, mais que isso, versatilidade e amplitude de atuação no Direito. Não à toa – e não tenho dúvidas de que os demais artigos escritos para este livro irão expressar isso – Celso tornou-se uma espécie de oráculo para seus companheiros de Firma: nos litígios, nas fusões e aquisições, nas mais difíceis negociações antitruste, bancárias ou de compliance, nas questões tributárias ou trabalhistas, ele é invariavelmente consultado e chamado à mesa sempre que o calo aperta.

De uns anos para cá, Celso deixou de ser Coordenador da Área Contenciosa do Escritório e passou a ser nosso Coordenador de práticas legais. Sim, de todas as práticas. Vez ou outra se autodenomina, em conversas entre nós, "um advogado em extinção", porque acredita que a advocacia tende a ter profissionais cada vez mais especializados. Uma entrevista concedida já há mais de 10 anos registrava essa sua percepção, com a dose correta de apontamento crítico que sempre nos leva à reflexão. Reconhece as especialidades, mas arremata, com firmeza: "Você se especializa em marcar gol de cabeça, mas tem que saber chutar com os dois pés".[2]

Celso Mori está entre aqueles poucos que defendem com competência, cruzam bolas com exímia precisão e dominam o jogo no meio-campo, cadenciando ou acelerando a bola (e o processo) a depender das circunstâncias do jogo. Está entre aqueles artilheiros que chutam com os dois pés e cabeceiam de modo certeiro, sempre fora do alcance dos goleiros. Um craque de múltiplas qualidades. Um craque que inspira.

Talvez haja poucos ramos do Direito em que a versatilidade seja tão fundamental quanto a prática em Tribunais Superiores. É que além do necessário manejo dos recursos e das habilidades de traduzir processos inteiros em memoriais de três ou quatro páginas, da paciência nas salas de espera para os despachos de alguns minutos com os Ministros que irão compor o quórum de julgamento, com as peculiaridades inerentes a cada juiz-ser-humano que ali está, e em sustentações orais limitadas aos 15 minutos regimentais, fato é que as demandas em que atua possuem as mais diversas naturezas e especialidades.

Num belo dia, uma sustentação oral de um caso de Direito Bancário; noutro, uma discussão sobre responsabilidade civil e

2 https://www.conjur.com.br/2010-set-26/entrevista-celso-mori-advogado-contecioso-pinheiro-neto - acesso em 20.1.2021.

outra sobre concessão de serviços públicos; na semana seguinte, um caso de Direito Ambiental e outro processo envolvendo uma questão de inadimplemento contratual em contrato de construção. É preciso ter sólida formação em processo civil, sem dúvida. Mas é fundamental ser versátil e trilhar bons caminhos em todos os ramos jurídicos.

Difícil uma lembrança de um único caso ou de um único cliente. São muitas e variadas experiências. Algumas delas inesquecíveis. Há a vez em que, num caso dificílimo, já perante o Supremo Tribunal Federal, fomos a uma audiência com o então decano da Corte, Ministro Celso de Mello, seu contemporâneo da Faculdade de Direito do Largo de São Francisco. Celso Mori ainda rendia algumas homenagens a seu calouro na faculdade, com quem já fazia algum tempo não tinha oportunidade de estar, quando o Ministro Celso de Mello inicia desenfreado bate papo sobre os tempos de estudantes.

De repente, a conversa muda de pauta: os dois começam a discutir a evolução dos direitos sociais brasileiros nas Constituições da República. Ambos absolutamente concentrados naquele debate que eu tive o privilégio de presenciar. Eu, claro, só ouvia. Não me atreveria jamais a dar qualquer palpite. No máximo, balançava a cabeça assertivamente, concordando com tudo, quando um deles olhava para mim.

Era tarde da noite, Celso Mori já havia perdido seu voo de volta para São Paulo – algo que acontecia com razoável frequência –, seguia-se aquela aula que eu nunca tinha tido na vida e a audiência já durava mais de uma hora quando um assessor de S. Exa. entra pela terceira vez na sala, aproxima-se da mesa redonda em que estávamos sentados e lembra o decano que havia outro advogado aguardando, ainda na sala de espera, para falar com o Ministro. Os dois Celsos abrem aquele sorriso que expressa as boas conversas da vida e, então, Mello indaga a Mori: "Mas então, Celso, o que lhe traz aqui?".

O despacho dos memoriais elaborados para aquele processo tomou mais alguns minutos da agenda do Ministro e então deixamos o gabinete, sob o olhar curioso (e matador) do advogado que aguardava sua audiência. Ainda no corredor do 6º andar do edifício em que ficam os gabinetes dos Ministros do STF, demos umas boas risadas lembrando da inusitada e inesperada audiência, recheada de lembranças e de conversas "fora dos autos", lamentamos pelo colega que tanto esperou pelo seu horário e fomos embora torcendo para que aqueles últimos minutos falando sobre o processo (aí, sim, eu tive algo a dizer!) tivessem sido suficientes para convencer o Ministro Celso de Mello.

A construção da carreira de um advogado perante as Cortes Superiores exige também boa dose de credibilidade. Credibilidade fundamental para que julgadores leiam e ouçam com atenção os argumentos apresentados. Para que alcancem a importância do caso e da decisão a ser proferida naquele processo. Credibilidade que se conquista com anos e anos de presença nos tribunais, com bons e competentes argumentos em processos relevantes.

Outra boa lembrança é a de uma audiência de outro caso importante, no Superior Tribunal de Justiça. Fomos ao gabinete do hoje aposentado Ministro Aldir Passarinho Júnior, que era o relator do processo. Estávamos despachando o memorial elaborado para a audiência, quando então o Ministro diz, pedindo licença para interromper uma fala do Celso: "Celso, você sabe da admiração e do respeito que tenho por você. Mas deixe-me lhe dizer. Não sei se julgarei o caso. Pedirei minha aposentadoria, antecipadamente, nos próximos dias. Não aguento mais enxugar gelo. Estou contando isso aqui a vocês, vendo todo o seu esforço em me convencer do acerto da sua tese. Mas, realmente, não sei se estarei aqui ainda para julgar o caso".

Uma notícia que não se dá a qualquer um. É preciso alguma intimidade para isso. Uma respeitosa intimidade profissional, observo eu, um eterno aprendiz de Celso Mori. Com a sorte que tenho de tanto trabalhar com ele, em vários e vários casos em Brasília, esforço-me em aprender a também construir a credibilidade e a intimidade profissional necessária ao desenvolvimento de nossos trabalhos perante os Tribunais Superiores.

Uma última lembrança a ser registrada se deu na preparação do julgamento de um processo na Corte Especial do STJ, integrada pelos 15 Ministros mais antigos do Tribunal. Corríamos de um gabinete para outro, às vésperas do julgamento, nos dois edifícios de gabinetes dos Ministros no STJ, quando então fomos recebidos em audiência pelo Ministro João Otávio de Noronha.

"Celso Mori! Quanto tempo! Que bom vê-lo aqui!". Quantas vezes ouvi isso... Conversamos um pouco sobre as últimas notícias do país e então passamos à discussão do caso que era relatado pelo próprio Ministro Noronha. Ficou claro que o posicionamento do Ministro seria contrário à nossa tese. Celso insistiu um pouco. Não adiantou. E parou. E aqui anoto aquela qualidade impressionante do Celso, já antes referida: a sensibilidade de saber acelerar ou cadenciar o jogo do processo. A hora de saber parar de argumentar. O eterno aprendiz faz menção de buscar outro argumento para tentar convencer o relator, mas ele faz sinal para que eu não mais falasse. Sinal captado, silêncio da hora de parar.

A audiência caminha para seu término. Quando estamos nos despedindo, Ministro Noronha então fala, com sua simplicidade mineira e com o largo sorriso que lhe é característico, uma frase que me marcou de modo absolutamente profundo: "Dr. Celso Mori (em tom brincalhão), não demore a aparecer. Você e o 'Morinho' são muito bem vindos aqui no gabinete". Sim, o "Morinho", eterno aprendiz, saiu daquela audiência tomado por enorme alegria. Jamais esquecerei que um Ministro do STJ me viu, um dia, exatamente como eu me sentia: um aprendiz das lições profissionais e de vida de Celso Mori. Passei a indicar o fato em meu *curriculum vitae*, com o devido destaque, é claro (risos). "O inesperado bom também acontece" – outra vez Clarice Lispector.

Para encerrar, a conversa que se seguiu com Celso, nos corredores do STJ, foi mais ou menos a seguinte. Eu, muito orgulhoso com a observação do Ministro Noronha. Celso, dando conta da importância que aquelas palavras tinham para mim, me confidenciou algo que ficou apenas entre nós durante algum tempo: "Vicente, eu quero que você seja meu Sócio em Pinheiro Neto Advogados. Vou trabalhar para que isso se torne realidade".

E acho que aqui está outra das maiores virtudes de Celso Mori: além de ser o craque do time, o jogador que bota a bola no chão e ganha a partida com lances decisivos, ele é o capitão de uma equipe que ele treina, conduz e incentiva. Ele faz com que seus companheiros joguem bem, passem a jogar cada vez melhor e passem, eles também, a ter seus momentos profissionais importantes. Celso discute o caso, prepara e discute os memoriais com a equipe e com os clientes. E, por vezes, com sua sensibilidade, deixa seus companheiros na cara do gol, para que também eles possam aprender a ter seus momentos decisivos.

Em Pinheiro Neto temos muitos e muitos exemplos assim. Mais de uma centena de Sócias e Sócios que beberam dessa fonte de sabedoria. Celso Mori joga e deixa jogar. Coisa de craque.

O DNA

Celso Mori, doutor de almas, de soluções e exemplo de resiliência

Diógenes Gonçalves

Cá entre nós, muitos devem pensar que há alguma coisa no ar, na água e, quem sabe, até nos tais dos pães de queijo do Escritório Pinheiro Neto Advogados. Por algum motivo, cada um de nós é influenciado ao passar por lá. Dizer 'sim' a um convite de estágio ou emprego ou, até mesmo, a uma reunião de negócios nesse Escritório é expor-se a essa mudança.

Todos os dias, em seus diversos endereços, o nosso Escritório se esvazia à noite e renasce pela manhã. As máquinas, as mesas e os telefones ficam ali, em compasso de espera, aguardando pelas vidas que as pessoas trazem voluntariamente para serem vividas sob o teto comum. Essas vidas vêm se expor ao ambiente influenciador que é o nosso Escritório. Essas vidas vêm doar seus tempos e se alimentar disso. Um ambiente virtuoso que ensina a pensar, a se comportar, escrever, ler com outros olhos e inovar mantendo o tradicional cuidado com o ser humano e as instituições.

É com a vida que o Escritório segue seu caminho de crescimento e desenvolvimento. É com cada vida que o Escritório se multiplica e se adapta. Tudo isso com um estilo próprio, um toque característico revelado a quem convive com a instituição. Há algo comum nesse estilo próprio, como um código institucional que não está escrito em letras do alfabeto, mas na essência de cada pessoa: o tal do DNA do Escritório.

Esse DNA não está no ar, na água e nem mesmo nos famosos pães de queijo. Ele está em cada um de nós, pessoa a pessoa que se expôs ao Escritório para absorver e se integrar à cultura da instituição, replicando-a e adaptando-a em evolução. Somos, um a um, destinatários, portadores, apuradores e transmissores desse DNA.

Dessas vidas, merece destaque a de Celso Mori. Ele que soube tão bem se integrar à instituição e influenciá-la, e tanto contribuiu à construção e evolução do DNA institucional. Na vida que Celso compartilha conosco, há décadas, recebemos doses virtuosas de amor pela profissão e pela nossa casa comum, aprendemos a nos comunicar, a colher fatos e lapidar soluções. Aprendemos, ainda, que é preciso e prazeroso trabalhar. Tudo isso vai transformando o nosso DNA, transforma estagiários, advogados associados, consultores, sócios e clientes.

Como na vida é importante visitar regularmente um bom conselheiro, estando em Pinheiro Neto Advogados é essencial visitar o Celso de tempos em tempos. Celso se tornou nosso doutor de almas, de soluções e exemplo de resiliência. Trata a cada um de nós, seus alunos, como colegas e prefere perguntar e ouvir antes de se manifestar.

Aqui, vão algumas anotações do caderno da vida que fiz a partir do convívio com Celso e resolvi compartilhar:

> **OUÇA, OUÇA COM INTERESSE E ATENÇÃO:** *Entre na sala do Celso e verá que ele é só ouvidos. Uma escuta atenta, uma pessoa interessada. Em seguida, virá pelo menos um par de perguntas. Só, então, uma opinião. Aprenda com isso, não só para ir lá falar com ele, mas para ouvir e ajudar ao longo da vida. A epigenética refinada é a da audição aguçada em busca não bem dos sons, mas do que os sons carregam.*

> **SEJA DIRETO, COMECE PELO QUE QUER:** *Esse conselho mudou minha maneira de escrever. Perpetuo-o em cada caso e para cada novo integrante do Escritório. Uso-o, também, em cada refeição com meus filhos. O DNA segue para fora dos muros do Escritório.*

PREPARE-SE, ATÉ MESMO PARA IMPROVISAR: *Discuti bastante um caso com o Celso. Dominamos a matéria, combinamos e organizamos o que falaríamos. Porém, quando a reunião começou, a contraparte seguiu por um caminho de todo diferente. Preparados, como que num jogral e quase sem nos olharmos, construímos outra solução, ainda melhor que a inicial. Tudo isso porque estávamos preparados para advogar e não para recitar. O bom DNA é aquele que permite a adaptação.*

VIVA O PAPEL, MAS NÃO SEJA O PERSONAGEM: *Celso abriu mão da Coordenadoria do Setor Contencioso, mesmo quando ainda podia seguir com ela. Fez isso dando oportunidade aos mais jovens e colocando-se à disposição para cooperar e não mais coordenar. Por isso, seguiu sendo referência, com o efeito multiplicador de termos novos coordenadores ao longo do tempo e ainda podermos contar com um estoque de experiência dos demais Sócios da Firma, estejam eles ou não em qualquer cargo institucional. Com isso, mostrou que o nosso DNA é ajustado e ajustável, dispara o extraordinário para os momentos que assim demandam e segue seu curso ordinário quando o especial não é necessário.*

DÊ OPORTUNIDADE ÀS PESSOAS: *Celso acredita no ser humano e aposta mesmo naqueles que erraram para que tenham nova chance. Apostou para chamar a trabalhar em casos novos, para trazer novas pessoas à sociedade e para dar oportunidade* *a quem precisa se reinserir. Se sua essência de DNA é boa, você precisa de novas oportunidades e não de punições para realizar seu potencial.*

SAIBA, E, MESMO QUE ISSO LHE INCOMODE, SAIBA MAIS: *Fui a ele para me aconselhar, pois eu estava preocupado e incomodado com uma situação de crise. Tendo ouvido atentamente, ele ponderou o quanto faz parte do papel de quem cuida dos outros, como advogado e gestor, saber mais e mais, mesmo que a vida pessoal do cuidador seja sacrificada. O DNA impele à frente para a resiliência e a perpetuação.*

FALE TOCANDO A ALMA: *Suas sustentações orais são uma ode à provocação do espírito humano. É preciso estar atado ao mastro e com cera nos ouvidos para, como mero ouvinte ou julgador, não se sentir tentado a examinar novamente os autos e cogitar se haveria forma mais virtuosa de ver senão a forma exposta com a lucidez que o Celso traz. É que ele fala aos sentimentos, e não aos ouvidos. Os sentimentos ouvem mais.*

Celso amigo, advogado, sócio, pai e avô, Celso de tantas facetas e só uma face, que segue aperfeiçoando o nosso DNA.

Obrigado pelo legado, Celso.

Nada como um dia após o outro

Reparar a injustiça pode ser apenas um esforço de simplicidade, veracidade e lógica

Tércio Chiavassa
Diego Caldas R. de Simone

As homenagens são direcionadas àqueles que vão além de suas atribuições ordinárias. Não ao profissional que presta um bom serviço, mas sim quem transcende as raias qualitativas objetivas esperadas e se torna um norte para todos, afastando as nuvens e alcançando a contemplação máxima do cenário, permitindo assim que as soluções mais adequadas apareçam naturalmente no horizonte.

Sábio, simples, mas com uma vontade imensa de sempre participar em qualquer ramo do Direito, nosso Sócio Celso Cintra Mori é uma destas figuras raras, capaz de nos relembrar com galhardia, a par da extensão de seus conhecimentos em diversos ramos e assuntos, que os problemas são intrincados muito mais pela complexidade que agregamos do que pela sua própria realidade. E assim Celso nos ajuda a escolher a lente mais apropriada para encontrarmos a solução:

> *"Quanto mais largas vastidões o saber abrange, tanto mais razão para serem modestos seus cultores. A circunferência visual se ensancha à medida que a luneta do observatório alcança mais longe. Mas o observador é um ponto que se reduz cada vez mais ao centro do horizonte sensível. Muito há que alguém disse: 'o sábio sabe que não sabe'".* (Rui Barbosa)

A serenidade e humildade são, além de tantas outras características notáveis, virtudes e predicados marcantes do homenageado. Incansável na luta pelo Direito e pela Justiça, esculpiu indelevelmente sua presença com palavras de apoio, amizade e sabedoria, promovendo e estimulando discussões e reflexões para muito além da solução dos problemas que atormentam os seus interlocutores, seja em nosso Escritório, no mundo virtual da pandemia atual e em qualquer outro canto do país.

Tornou-se célebre entre seus pares justamente por – com leveza, humildade e simplicidade – sintetizar e solucionar problemas teóricos e práticos de rara complexidade, não lhe sendo necessário muito tempo para apresentar os temas mais árduos e marcar sua opinião com clareza e didática que lhe são peculiares.

Retratemos em palavras um exemplo concreto que dirá muito do Celso. Décadas atrás, o nosso Escritório foi consultado por uma empresa que havia sido alvo de fraude praticada por um grupo de empregados em prejuízo da companhia, por meio de operações de crédito celebradas com instituição financeira e ocultadas dos demais funcionários e administradores da empresa. Os empréstimos contraídos pelos funcionários foram efetuados mediante abertura de contas correntes em nome da empresa, mantidas à margem da escrituração contábil e com movimentação incomum por meio exclusivo de cheques administrativos que, mediante transferências bancárias, desviaram os recursos emprestados para benefício próprio daqueles funcionários. Infelizmente, apesar de todos os controles existentes na companhia para evitar fraudes, não foi possível impedir a ocorrência dessa prática delituosa por um grupo de altos funcionários que exerciam diferentes funções no setor financeiro e de tesouraria da empresa, o que lhes possibilitou ocultar as irregularidades dos demais administradores.

Apesar da comprovação do desfalque, não era possível naquela altura que a empresa vítima adotasse medidas contra os estelionatários para a recuperação dos valores desviados. Impossibilitada juridicamente de ajuizar ação de cobrança ou de regresso contra os acusados (pela ausência de um título de dívida para promover ação contra estes, além de outras circunstâncias então limitativas), a empresa buscou comprovar em juízo a invalidade dos empréstimos contraídos em seu nome.

Propôs ação declaratória de inexigibilidade de obrigação contra a instituição financeira que patrocinamos, na qual pleiteou a nulidade das operações de empréstimo e o caráter indevido das quantias objeto dos contratos ilegitimamente celebrados em seu nome com o banco. Ademais, tomou as medidas cabíveis nos âmbitos criminal e trabalhista contra os funcionários envolvidos. Celso envolveu-se, de corpo e alma, em todas as frentes.

No entanto, em que pese a comprovação cabal de que a empresa teria sido alvo de uma fraude, na sua face cível o Judiciário entendeu que a instituição financeira não teria agido de má-fé, nem com negligência, pois os envolvidos preenchiam aparentemente os requisitos necessários para efetuar as transações (funcionários e/ou procuradores) e no passado a empresa contraíra e honrara empréstimos tomados pelos mesmos atores, motivo pelo qual caberia à empresa honrar também essa dívida.

Diante das perspectivas remotas de êxito na discussão judicial e visando mitigar os efeitos econômicos da provável perda ao final do processo, após anos de discussão judicial, a empresa optou por firmar acordo extrajudicial que pôs fim à demanda, no qual se acordou um valor para liquidação da dívida, na sequência, homologado judicialmente.

Embora resignado com o desfecho, que acabou por oferecer o melhor resultado possível dentro das circunstâncias específicas que se apresentavam, a injustiça daquela decisão não passou despercebida por Celso Mori. E o destino encarregou-se de, muitos anos após, dar-lhe a oportunidade de minimizar aquele incômodo.

Isto porque, uma vez pago o valor do acordo judicial e assim concretizado o desfalque, a empresa considerou, nos estritos termos da legislação tributária, que os valores pagos em favor da instituição financeira seriam dedutíveis para fins de apuração do Imposto de Renda (IRPJ) e Contribuição Social sobre o Lucro (CSL) daquele ano, por se tratar de uma despesa de empréstimo necessária, resultante de condenação judicial, como de fato assim procedeu.

No entanto, em que pese a clareza da regra tributária que permite a dedução de tais valores, como sói acontecer em tantos casos, as autoridades fiscais discordaram de tal entendimento e assim, a empresa, que já havia arcado com vultuosas quantias para a quitação de empréstimo que sequer tinha contraído, foi autuada pela Receita Federal, vendo-se diante de pesada exigência fiscal de tributos e multas.

Ao tomarmos conhecimento do auto de infração lavrado, invadimos a sala do Celso. "A injustiça daquela decisão não pode se repetir", dizia. A decisão de fundo era, a seu ver, equivocada, e as consequências daí provenientes, portanto, estavam no mesmo balaio errático. Uma vez tinha sido suficiente. Muitos falam que o Direito Tributário é um ramo de "superposição", ou seja, temos de esclarecer a questão de fato, averiguar os conceitos e interpretações de outros ramos sobre a realidade sobre a qual a norma tributária incide para, somente então, determinar o impacto tributário respectivo. Era a chance de reescrever aquela equivocada história.

No entender das autoridades fiscais, tais valores seriam indedutíveis à medida que (i) o prejuízo não seria qualificável como desfalque, apropriação indébita ou furto, pois, no processo criminal, os acusados foram denunciados por crime de estelionato e a empresa não havia instaurado inquérito trabalhista para demitir os funcionários por justa causa; (ii) a dedução não seria possível em razão do envolvimento de diretor na fraude, não sendo ele qualificável como empregado ou terceiro; e (iii) a dedução seria inaplicável devido à ausência de prévio registro contábil do empréstimo, o que faria com que a despesa não fosse necessária mas equiparável, segundo a posição das autoridades fiscais, a multas punitivas ou indenização por ato ilícito.

Por sua vez, a empresa buscava comprovar a total improcedência da exigência, uma vez que (i) o prejuízo em causa resultou do desvio de recursos tomados ilicitamente em seu nome, o que ocasionou lesão ao seu patrimônio, caracterizadora do desfalque; (ii) a ausência de inquérito trabalhista não configuraria impedimento à dedução dos prejuízos (existindo outros elementos a substituí-lo ou afastar a sua necessidade no caso concreto); (iii) todos os atos que materializaram o desfalque foram praticados exclusivamente por empregados celetistas da empresa; (iv) os beneficiários exclusivos e diretos do desfalque foram terceiros; (v) a ausência de registro contábil do empréstimo foi o ardil utilizado pelos criminosos para esconder a fraude, tendo o prejuízo sido contabilizado quando celebrado o acordo extrajudicial com a instituição financeira; e (vi) dadas as circunstâncias, a despesa era necessária, normal e usual.

Celso Mori encontrou pela frente conceitos e interpretações legais que deveriam ser enfrentados na seara tributária (dedutibilidade de despesas com pagamento de desfalque na composição da base de cálculo de tributos federais), mas que, como sempre, tinham nele um olhar absolutamente diferenciado. A matéria envolvida, é claro, não só não o impediu de aceitar o nosso convite para participar da estratégia do caso que representava outra face daquela mesma história de desfecho equivocado, mas o trouxe de corpo e alma para a sua liderança. O resultado final integralmente favorável deixou claro o acerto na busca do reforço, ou melhor, do protagonista. "Nunca sustentei perante o CARF ou me aprofundei no tema, porém, sempre há uma primeira vez para tudo", disse, naquela ocasião.

Solução simples, porém, não simplória. Esse foi o caminho vitorioso idealizado. Dar ao caso de extrema complexidade contornos fáticos precisos, deixando que a realidade levasse os julgadores ao resultado buscado e não simplesmente buscar adequar, discutir ou interpretar as normas tributárias aplicáveis àquela situação. A aplicabilidade das normas seria, como de fato foi, mera consequência natural da compreensão concreta e detalhada da situação fática que permeava toda a discussão. Era, acima de tudo, uma questão de justiça.

Interessante observar, mediante um olhar retrospectivo, a sutil – porém essencial – alteração proposta na linha de defesa, afastando os holofotes de uma análise positivista para um olhar mais holístico, trazendo aos debates diversos aspectos periféricos de Direito Cível, Criminal e Trabalhista, história, economia etc., cada vez mais necessários para formar a convicção dos julgadores. Alguns fatos foram então selecionados como de extrema importância para o bom resultado e Celso centrou-se em analisá-los à saciedade, explicá-los de forma detalhada e precisa, demonstrando todas as suas implicações em diversos âmbitos e, a partir daí, preencher, ainda que no subconsciente dos julgadores, todos aqueles requisitos que eram levantados como ausentes no caso pelas autoridades fiscais.

Eis o "simplório caminho a recorrer": (1) o acordo judicial firmado com o a instituição financeira não foi ato de liberalidade, pois teve como reduzir/restringir os danos econômicos decorrentes da condenação na ação de cobrança que durou mais de 20 anos; (2) o ilícito cometido pelos empregados não pode ser imputado à companhia que deles não obteve qualquer vantagem, além de ter apurado e punido os culpados, demitindo-os, tomando providências para a instauração de processo criminal e condenação junto à CVM; (3) a empresa não praticou qualquer infração ou ato ilícito, o que resulta claro de a condenação que levou ao pagamento das quantias em causa ter sido consequência de ação cível de cobrança e não de ação de indenização por perdas e danos; (4) o contrato de empréstimo celebrado entre a instituição financeira e a empresa somente foi passível de execução com base na proteção ao terceiro de boa-fé (instituição financeira reconhecida como tal porque também vítima do desfalque); (5) logo, os valores pagos seriam, como consequência legal e lógica, despesas dedutíveis.

Pois bem. Além de nós, outros advogados tributaristas de longa experiência, seja no que diz respeito à matéria de fundo, seja em relação a julgamentos no CARF, faziam parte da equipe designada para a condução do caso. Restou acordado entre os participantes que o Celso faria todo o apanhado histórico e fático do caso, cumprindo no seu discurso o caminho da comprovação do cumprimento de todos os requisitos legais. Após a sua intervenção, faríamos a nossa parte, aplicando a normativa tributária ao caso concreto.

E assim foi feito, ou quase. Toda a complexidade do caso desapareceu assim que o Celso ocupou a tribuna do Tribunal Administrativo, o famoso CARF. Diante da simplicidade, humildade e, como sempre, profundo conhecimento dos detalhes fáticos do caso e de todo o Direito a permear a discussão, a atenção dos conselheiros se voltou às suas ponderações. Afinal, ouviam os fatos de quem os viveu. O nível de detalhamento quanto à situação fática, as implicações em diversos âmbitos (cível, criminal e trabalhista), os impactos econômicos e operacionais à empresa, os meios de provas produzidas nas diferentes esferas e tudo o que mais permeava a discussão não passou desapercebido pelos presentes e pelos julgadores. Foram apresentados não apenas os elementos constantes dos autos ou de todos os incidentes ocorrido no curso do processo, mas assim o foram de forma tão organizada e lógica que, sem sequer mencionar as normas aplicáveis ao caso, ficava claro o direito do contribuinte.

Embora a sustentação oral, via de regra, deva ser cumprida em 15 minutos, de fato os Conselheiros não pareciam atentos à passagem do tempo. Quanto melhor o interlocutor, maior a atenção. E, naquele momento, toda a atenção estava voltada ao Celso. Perguntas e mais perguntas se seguiram e as respostas – todas na ponta da língua – encontravam julgadores ávidos justamente por entender o caso e não discutir filigranas normativas que ignoravam os fatos sobre os quais, ao final, o Direito deve ser aplicado. Eloquência, didática, testemunho e simples adequação dos fatos ocorridos ao equívoco na exigência fiscal.

Em poucos minutos passamos de uma sustentação oral a uma demonstração de predicados que poucos, muito poucos, agregam ao seu *curriculum vitae*. E no de Celso Mori está esculpido no travertino. Ao final de sua fala, os contornos fáticos estavam negritados e pouco trabalho tivemos para conduzirmos os julgadores ao desfecho final que culminou com a anulação integral do auto de infração lavrado. Pouco falamos. Provavelmente nos ouviram, mas é pouco provável que nos tenham escutado. Não se fazia mais necessário.

Festejado por todos durante a sessão, com efusivos reconhecimentos quanto à histórica sustentação oral que acabara de proferir, se aproximou de nós para, pela última vez naquele dia, demonstrar alguns dos motivos que justificam essa e outras homenagens: “Srs., agradeço, mas não vejo motivos para tantas saudações; afinal, não tive qualquer participação. Quem ganhou o caso foram vocês, eu apenas contei os fatos. Eu que agradeço por deixar-me participar. Obrigado pela oportunidade”.

Celso, nós é que agradecemos, felizes, por estarmos agora na posição de contarmos a história que você escreveu! Vida longa!

As lições do caixeiro-viajante

Como Celso ganhou um caso ao demonstrar senso de praticidade e caráter

André Zonaro Giacchetta

Considero-me, ainda hoje, um aprendiz de caixeiro-viajante. Mas não de qualquer um. De um em específico, que aprendi a admirar, a respeitar e a ter como fonte primígena de inspiração para a vida profissional. O nome dele: Celso Cintra Mori.

A primeira etapa de convívio com o caixeiro Celso foi na condição de estagiário de seu admirado Escritório, o Pinheiro Neto Advogados. Nesse momento, poderia dizer que a admiração era reverencial. Já na segunda etapa, a convivência foi muito mais próxima, na função de associado, sempre trabalhando com casos litigiosos complexos e estratégicos envolvendo propriedade intelectual e tecnologia.

Foi nessa fase que a admiração se tornou mais palpável, pela condução conjunta de muitos casos, onde sempre estava atento aos seus ensinamentos, mas também à "etiqueta" de como se portar, comportar, agir e interagir com clientes, com partes adversas, juízes, desembargadores e ministros das Cortes Superiores.

Em razão dessa vivência diária em casos desafiadores, foi nesse momento da minha vida profissional que surgiu a história que dá título a este artigo: as lições de um caixeiro-viajante.

Início do século XXI, as disputas judiciais envolvendo as grandes cervejarias no país refletiam a intensidade das disputas pelo mercado consumidor, especialmente em decorrência da chegada de investidores estrangeiros nesse mercado. Uma dessas disputas dizia respeito à utilização de embalagens (vasilhames) para a comercialização de um determinado tipo de cerveja, que eram concorrentes entre si.

Nessa discussão, nosso Escritório, liderado por Celso, representava uma fabricante mexicana de cervejas, cujo produto era popular e internacionalmente conhecido, e cuja embalagem era absolutamente característica e inconfundível.

Com a chegada desse novo produto ao mercado nacional, a sua principal concorrente decidiu lançar um produto muito similar, não só pelo tipo da cerveja envasada, mas, especialmente, pelas características da embalagem adotada e pelo nome, que reproduzia parcialmente o nome da cerveja mexicana.

Naturalmente, fomos chamados a adotar as medidas judiciais possíveis para a suspensão da comercialização da cerveja concorrente, diante da evidente prática de concorrência desleal e contrafação de marca. Liminar concedida e comercialização suspensa. Tudo parecia caminhar dentro de nossas expectativas.

Até o momento em que a empresa que representávamos decide lançar um produto pilsen, muito conhecido do consumidor brasileiro e adotar a mesma marca, que já utilizava em seu conhecido produto internacional, para a sua comercialização no Brasil. A reação foi imediata.

A empresa que era ré na ação que havíamos proposto para suspender a comercialização do produto que concorria deslealmente se tornou autora de idêntica ação judicial proposta contra nossa cliente! E quais as alegações? As mesmas da ação por nós outrora ajuizada.

Evidentemente, a possibilidade de ter suspensa a comercialização do seu produto recém-lançado no mercado brasileiro trouxe natural tensão na empresa que representávamos, razão pela qual as estratégias das duas ações passariam, doravante, a ser consideradas para o seu resultado final.

E esse cenário tornou-se ainda mais instável quando o julgamento de um recurso apresentado pela parte adversa culminou com a prolação de um voto favorável à suspensão da comercialização do produto pilsen de nossa cliente! A partir desse momento, a atuação do Celso foi determinante para o desfecho dessas ações. Mas não só para isso!

Sob a ameaça de interrupção da venda de seu produto, formou-se um time dedicado ao tema, para analisar diferentes perspectivas que poderiam determinar o resultado das ações, bem como seus impactos no mercado de cervejas no Brasil. E o primeiro momento marcante acontece na reunião inicial desse time, quando fomos indagados, sem rodeios, sobre a possibilidade do juiz que havia dado o voto favorável à parte adversa estar, de alguma maneira, comprometido com nossos adversários.

Esse, naturalmente, sempre foi um tema delicado e sensível para se tratar em quaisquer foros, especialmente diante apenas de impressões que muitas vezes colhemos de determinadas pessoas ao longo de sua atuação profissional, à míngua de provas ou indícios seguros. E nem mesmo era o nosso caso, pois se tratava de magistrado sabidamente escorreito em sua judicatura.

Mas a percepção de um voto desfavorável aos seus interesses em uma situação que lhes parecia absurda trouxe o tema à tona. Depois de muito falarmos sobre nossas experiências sérias e corretas com tal magistrado, e percebendo que nada os estava demovendo da impressão inicial, Celso diz:

– Na minha profissão, para que possa exercê-la todos os dias, preciso acreditar que as pessoas estão sempre agindo de boa-fé, até que se demonstre o contrário!

Que lição!

E ali, naquele dia, discutimos inúmeras alternativas e possibilidades para os casos, mas, talvez, a mais determinante tenha sido a mais simples: os desembargadores precisam ver, pessoalmente, os produtos que estão sendo comparados e são objeto das disputas judiciais, numa tentativa de mitigar a frieza das imagens constantes das ações judiciais.

Foi então que o Celso disse a mim:

– Prepare-se! Precisamos ser caixeiros-viajantes! Vamos organizar nossa mala com exemplares dos produtos que estão em discussão e também exemplares de outros produtos concorrentes no mercado para mostrar aos julgadores que, de um lado, há evidente concorrência desleal, pois se trata de produto único, com características marcantes desde o século XIX; e, de outro, a tentativa de retaliação na comparação entre produtos que tem embalagens comuns e sem qualquer diferenciação.

Tarefa árdua e desafiadora! Utilizar os mesmos fundamentos legais, com objetivos diferentes a partir de fatos igualmente díspares! Partimos, então, para as audiências com os desembargadores.

O que testemunhei nesses dias que se sucederam foram lições de lealdade intelectual, de perspicácia, de respeito ao pensamento divergente do outro e de simplicidade, que partiram de um profissional experimentado, internacionalmente reconhecido como exímio advogado de litígios complexos, e que poderia ter se comportado de maneira totalmente diversa.

Contudo, a cada audiência, ficava mais clarividente a mim que a solução para um caso como aquele não era uma grande tese, de muitas páginas e de longo convencimento. Antes, era a genialidade de valorizar as pequenas soluções, de se colocar nos sapatos de quem deve decidir.

Na primeira delas, exatamente com o desembargador que proferira o voto contrário aos interesses de nossa cliente, Celso não teve dúvida e foi certeiro:

– Excelência, vim hoje aqui como caixeiro-viajante e não como advogado!

Curioso, o desembargador se apressou em indagar qual seria, então, a razão daquela visita inusitada. Incontinenti, Celso começou a retirar da mala (literalmente) os diversos exemplares de embalagens dos produtos concorrentes, comparando-as, lado a lado, uma após a outra, e colhendo as impressões de nosso cordial interlocutor.

À medida que aquela visita deixava de ser inusitada e todos percebiam que ali, naquele ato de comparação, poderiam estar os parâmetros para um julgamento adequado, a satisfação foi coletiva. Repetimos essa dinâmica por dois meses, até que se agendasse a continuação do julgamento interrompido no momento em que nos era desfavorável. E o que se sucedeu, como resultado do julgamento, atribuo às escolhas feitas pelo Celso, auxiliadas pelo time que o acompanhava, para demonstrar, com a simplicidade necessária, mas com uma completude de racionalidade decisória ímpar, que o caso poderia ser julgado com a tranquilidade e segurança necessárias.

Durante a sessão de julgamento, os três desembargadores que participaram fizeram menção às visitas do caixeiro-viajante, como também às comparações que realizaram fisicamente entre os produtos concorrentes e que os levaram a decidir pela não suspensão da comercialização do produto da cervejaria que representávamos.

E o desfecho daquela outra ação? Conseguimos, igualmente, demonstrar, com a utilização da mesma “técnica” do caixeiro-viajante, que o produto de nossa cliente era popular e internacionalmente conhecido, muito antes do lançamento do produto concorrente no mercado local, e que possuía características distintivas em relação a todos os demais, tornando-o único e inconfundível.

Sucederam-se tantas outras disputas judiciais envolvendo as mesmas empresas, com igualmente importantes lições que Celso compartilhou com muita generosidade com todos que as acompanharam.

Há, ainda, uma terceira etapa do convívio com Celso, que não poderia ficar de fora! Agora admitido como Sócio, em 2007, passei a conhecer o Sócio Celso Cintra Mori e confesso que a admiração que era reverencial, depois profissional, tornou-se ainda mais pessoal.

Em meio a tantas metamorfoses que a atividade da advocacia privada experimentou nas últimas décadas, Celso parece estar perfeitamente amoldado a todas elas. Possivelmente, o traço que mais desperte minha admiração é a fidelidade de Celso aos valores, à cultura, à filosofia e às origens que o tornaram, assim como o Escritório que ele trata com tanto cuidado, carinho e dedicação, o profissional e ser humano hoje merecidamente homenageado com este livro.

Que essas lições do caixeiro-viajante possam contagiar àqueles que ainda não tiveram o privilégio de desfrutar de sua convivência, para estimular aos jovens profissionais que sigam na retidão de valores éticos e morais, pois a recompensa é o merecido reconhecimento de admiração, respeito, carinho e gratidão!

Sem perder a ternura

A arte de usar punhos de ferro em luvas de seda para litigar

Werner Grau Neto

Ingressei em Pinheiro Neto Advogados como estudante, em agosto de 1990. Passei a integrar a equipe liderada pelo Celso Cintra Mori, o CCM, trabalhando diretamente com o Antonio Monteiro. Cresci no Direito ali, sob a batuta diária do Monteiro, e sob a orientação sempre diferente e acolhedora do Celso. Sempre tive um parâmetro de comparação que considero alto, porque mirei-me desde sempre no exemplo profissional do meu pai, o Professor Eros Grau.

Ao longo desses 30 anos, em momento algum abri mão de ter a orientação estratégica do Celso, mesmo depois de tornar-me Sócio do Escritório e passar a ter maior autonomia decisória. Celso tem visão muito ampla, um conhecimento invejável do Direito, e sempre traz algo novo e inovador à análise estratégica dos casos. São incontáveis as vezes em que o vi trazer essa visão estratégica inovadora a casos que pareciam complexos, difíceis, dando rumo novo, vencedor, à nossa atuação.

Ainda recém-formado, quando saía da sala dele pensando no quão diferentes e definitivas eram suas intervenções, imaginava se, quando mais experiente, teria capacidade de visão minimamente similar.

Hoje, olhando em retrospectiva e fazendo autocrítica, acho que não, ainda não tenho nem terei essa visão diferente e à frente do tempo. Ir à sala do Celso buscar opiniões ainda é um exercício de imenso aprendizado.

Um primeiro caso, no qual lembro-me como se ontem fosse, traz-me o Celso examinando uma questão fática que determinaria todo um cenário. Precisávamos demonstrar ao Juízo que tinha valor econômico nenhum um determinado direito minerário, porque, ainda que a jazida fosse boa, e o minério de qualidade, o fato é que empreender ali, onde localizada a jazida, restaria economicamente inviável, porquanto muito isolada a jazida de qualquer estrutura de transporte, escoamento, consumo.

Celso, durante as discussões para o caso, diz algo assim: "O debate proposto pela parte contrária terá fruto no acolhimento do direito que reclama; nosso foco deve estar em demonstrar que o negócio geraria resultado econômico nenhum, por conta dos problemas externos. Dizer que o autor não tem o direito não vingará; o que devemos demonstrar é o resultado zero a que se chegaria pela efetivação do empreendimento". Alinhamos que a defesa traria os dois pontos: a uma, que o direito não deveria ser reconhecido; e, a duas, que ainda que reconhecido o direito, seu resultado seria zero.

Fomos ao cliente e propusemos a estratégia. O diretor jurídico, tenso, sequer admitia a possibilidade de reconhecimento do direito invocado pela parte contrária, e mostrava-se muito reticente em aceitar nossa argumentação. Dizia que o argumento alternativo enfraqueceria a tese principal.

Celso demonstrou ao cliente que os argumentos poderiam ser articulados sem que um prejudicasse o outro, e seguimos. Anos de discussões, recursos de lado a lado, e chegamos à sentença que reconheceu o direito ao autor, destacando frase que o Celso inserira na contestação, no entanto, para dizer que o *an debeatur*, ali, não induzia identificar o *quantum debeatur*. Conforme posto na contestação, reconheceu o magistrado, ter um potencial de exploração não significaria dizer que o potencial materializar-se-ia. O "Opala atolado no meio do deserto", ou algo muito parecido, expressão inserida pelo Celso na contestação, atraiu a atenção do juiz a ponto de convencê-lo de que a apuração do direito e a apuração do valor decorrente do direito haveriam de ser anotadas em separado. O juiz encerrou a sentença determinando que se apurasse o valor econômico efetivo do direito pela sua inserção no empreendimento que não vingara, fazendo-se-o por meio de artigos de liquidação.

E lá fomos nós transformar o Opala atolado em algo de valor teórico altíssimo, mas prático zero. E ao perito não restou caminho outro senão demonstrar que, tivesse a nossa cliente implantado o empreendimento por força da falta do qual o autor dizia ter sofrido prejuízo imensurável, o resultado seria negativo. E por conta dessa visão abrangente do Celso terminamos com o famoso "ganhou, mas não levou", porque o autor provou seu direito, e nós demonstramos que o direito não tinha valor econômico nenhum.

Outro caso em que impressionou ver a capacidade do Celso foi extremamente delicado, em que várias partes atuavam, em lados opostos ou potencialmente conflitantes apesar de no mesmo polo. O caso demorou década para ser julgado, porque perícias intermináveis transformaram a conjugação dos aspectos jurídicos com os técnicos em uma grande batalha.

Veio finalmente a decisão de primeira instância, e com ela recursos cruzados pesadíssimos, o autor, Ministério Público, deleitando-se por ver as corrés atacando-se. Celso, impassível, revisava as peças com cuidado para em momento algum deixarmos de lado a elegância e a postura respeitosa, ainda que dura. Vendo o caso evoluir, e a forma como escreviam os causídicos das outras partes, a comparação com as revisões do Celso trazia a mim a expressão "punhos de ferro em luvas de seda".

Vem a data do julgamento dos recursos. Celso, tranquilo, aguarda sua vez. Menciona ao grupo que o acompanhou, cliente e integrantes do Escritório, ter grande respeito pelo relator do caso, o Desembargador Raphael Salvador. Pelas outras partes, advogados de nomeada, com sustentações orais excelentes.

Celso vai ao púlpito e profere sustentação oral magnífica, que nitidamente impressiona a todos. O Desembargador Raphael

Salvador, após ouvidas todas as partes, começa o seu voto destacando que, à luz do quanto trazido na magnífica sustentação oral do Celso, teria verificado pontos antes não percebidos, razão pela qual suspenderia ali o julgamento para revisão de seu voto.

Os demais desembargadores, nitidamente impactados, assentem, e um deles menciona a qualidade, a clareza e a profundidade da sustentação oral proferida por Celso, cumprimentando-o efusivamente. Voltamos para o Escritório, o cliente felicíssimo. Receberíamos, dias depois, o resultado do julgamento, acolhendo nossas teses de apelo.

Por conta de casos como esses, e em razão da sempre porta aberta a nossas dúvidas, pela postura sempre equilibrada e construtiva, Celso Mori é, para mim, um grande mentor e exemplo a seguir. O privilégio de ter crescido no direito sob a orientação do Celso é algo que, tenho plena consciência, é um privilégio raro.

Uma segunda-feira

O respeito ao interlocutor, seja quem for,
é a base de sua sabedoria

Soraya Steller Biasi

Segunda-feira cedo, ouço aquela voz cheia de energia dizendo: "Bom dia, doutora!". Celso Mori chegando ao 7º andar do Edifício J.M. Pinheiro Neto, vestindo seu terno sempre muito elegante e com contagiante bom humor, sua marca registrada. Celso entra em sua sala e, antes de fechar a porta, me diz: "Vamos despachar?" Durante nossa conversa matinal, repassamos os recados, reuniões, prazos e assuntos particulares. Ele pede com veemência que todos os retornos sejam dados com máxima urgência. Indelicadeza e falta de atenção não fazem parte do seu dicionário. Ele é incapaz de deixar alguém sem retorno. Responde todos os convites, seja aceitando-os ou educadamente justificando sua ausência. Agradece pessoalmente todos os presentes, livros, cartões e correspondências com muita gentileza. É um grande exemplo de educação e respeito ao próximo.

Celso Mori é muito generoso com todos que o procuram. Nesses anos de convivência diária, nunca o vi desprezar ou desmerecer alguém por não conhecer alguma matéria de Direito ou qualquer outro assunto. Pelo contrário, ele pacientemente explica, ensina e instrui seu interlocutor.

É mediador e mentor nato. Solicitado, não só pelos clientes, mas também por seus pares e subordinados, ajuda nas mais diversas questões e conflitos de todos os âmbitos.

É mestre, é doutor, sem ter cursado mestrado ou doutorado em universidades famosas. Tem o doutorado da vivência profissional; o mestrado pelo estudo aprofundado das matérias do Direito; uma inteligência ímpar e o amor pela profissão que escolheu e a qual dedica sua vida. Apesar de ser o Sócio mais antigo do Escritório, ter uma posição social diferenciada e ser um advogado famoso, Celso Mori trata todas as pessoas com muito respeito e educação, e nunca discrimina alguém.

Certa ocasião, saindo do Tribunal de Justiça de São Paulo (TJ-SP) com dois advogados do Escritório, foi interpelado por um morador de rua que, percebendo satisfação em seu rosto, perguntou se ele tinha "ganhado" o processo. Ele se aproximou do rapaz e respondeu: "Sim, ganhei, mas como você sabe?" Então, o rapaz respondeu: "Percebi pelo seu sorriso, doutor".

Além de sua dedicação ao Direito, tem projetos de sustentabilidade, de reabilitação e reintegração de menores infratores e detentos. Participa ativamente de projetos de educação.

Ainda naquela segunda-feira, participou de duas ou três reuniões simultaneamente, atendeu conferências telefônicas, revisou prazos, despachou memoriais no TJ-SP, pois não fala não para ninguém. Está sempre disposto a participar e tem a habilidade de acompanhar todos os assuntos e casos ao mesmo tempo de uma maneira impressionante.

Finalmente, às 19h, a porta da sala se abre, Celso Mori vai para o último compromisso de trabalho e se despede dizendo: "Boa noite, doutora, vou aprovar minhas fichas de tempo ainda hoje, por favor deixe tudo em ordem.". Que honra participar desta homenagem ao meu chefe querido.

Celso, o Advogado

Entrega e curiosidade de iniciante
em um líder que transborda experiência

Luis Celso Cecilio Leite Ribeiro

Lá se vão 24 anos...

PIERO CALAMANDREI, com a sagacidade que marcou sua obra, disse certa vez: "Para encontrar a Justiça, é preciso ser-lhe fiel. Como todas as divindades, ela só se manifesta àqueles que nela creem."

Lembro-me de haver comprado o livro *Eles, os juízes, vistos por nós, os advogados* na antiga Livraria Paulista, que ficava na Rua Riachuelo, atrás do Prédio Histórico da Faculdade de Direito do Largo de São Francisco. Isto em 1997, mesmo ano em que ingressei como estagiário do Setor Contencioso de Pinheiro Neto Advogados.

Também me lembro de que no meu primeiro dia de estágio, o Fernando Castro, que fora designado como meu chefe direto e hoje é meu Sócio, me disse que as principais vantagens de trabalhar em Pinheiro Neto seriam atuar para os melhores clientes, nos melhores casos, e também a oportunidade de trabalhar com "alguns dos maiores advogados do Brasil", citando nominalmente o Celso. Eu tinha apenas 19 anos, era o meu primeiríssimo emprego e, para falar a verdade, eu, que era o pioneiro da família a seguir a carreira jurídica, nunca havia ouvido falar do Celso.

Com poucas semanas de estágio, o Fernando pediu minha ajuda em um caso bastante delicado, de uma montadora de veículos que era uma das principais clientes do Escritório. Depois de passar horas pesquisando doutrina e jurisprudência na nossa Biblioteca, procurando saídas para um caso que parecia impossível para um estagiário estreante, fomos falar com CCM, sigla pela qual até hoje nos referimos, carinhosamente, ao Celso. Além do Fernando, que então era advogado júnior, também participou dessa conversa o Antonio Monteiro, que era o Sócio responsável pelo caso.

A sala do Celso ficava no 9º andar do Edifício Clemente de Farias, na Rua Boa Vista. Era o andar em que ficavam as salas do Dr. Pinheiro – o fundador que dá nome ao Escritório – e também daqueles que eram, naquela época, os principais Sócios. Não é exagero dizer que, já naquele primeiro contato, tornei-me um grande admirador do Celso. Como todos que o conhecem sabem, a capacidade do Celso de encontrar soluções simples para os problemas complexos é extraordinária. Em poucos minutos, após fazer diversas perguntas sobre os detalhes do caso, Celso propôs uma estratégia genial que resolvia um caso que, pelo menos para mim, naquele momento, parecia de impossível solução.

De lá para cá, ao longo dos últimos 24 anos atuando em Pinheiro Neto Advogados, tive o privilégio de trabalhar em dezenas de casos com CCM e não tenho qualquer constrangimento em afirmar que o Celso é o mais completo e brilhante advogado que já vi atuando. Mas, além de um advogado e profissional brilhante, Celso é uma pessoa muito especial.

Mesmo sendo uma "lenda viva" da advocacia, o Doutor Celso, como muitos também o chamam com um misto de reverência e carinho, é de uma humildade ímpar. Celso trata todas as pessoas com a mesma educação e atenção, independentemente de ser o CEO de uma das maiores empresas do mundo, um estagiário recém-contratado ou a ascensorista de um dos velhos elevadores do Palácio da Justiça, na Praça da Sé. Não conheço uma única pessoa que não goste do Celso, ou que tenha algum ressentimento por eventualmente não ter sido tratado com a máxima consideração.

Este texto obviamente não tem a pretensão de resumir minha convivência profissional de mais de duas décadas com Celso. Seria preciso escrever um livro, com diversos capítulos. Meu objetivo aqui é apenas de contar duas breves histórias que tive o privilégio de viver com o CCM nestes anos todos e que, na minha opinião, são uma pequena demonstração que Celso é um dos mais talentosos e completos advogados do Brasil.

> “*Ainda estou em uma fase de minha carreira em que tenho que ler documentos...*

A primeira história que eu gostaria de contar evidencia uma das características mais marcantes do Celso, que é ser um advogado extremamente estudioso e detalhista, que sempre procura conhecer os casos em profundidade, dominando seus mínimos pormenores. Em 2014, o Celso pediu minha ajuda em um litígio muito grande, que envolvia diversas frentes judiciais e também uma arbitragem promovida por uma grande empresa contra os nossos clientes, membros de uma mesma família, no qual alguns bilhões estavam em discussão.

Por conta desse caso, tive o privilégio de conviver intensamente com o Celso por quase 5 anos, participando de muitas dezenas ou quiçá centenas de reuniões, seja com os nossos clientes, seja com autoridades e com a parte contrária, além de diversas audiências judiciais e arbitrais. Foi um aprendizado inesquecível e que muito contribuiu para o meu amadurecimento profissional.

Em determinado momento, quando a frente arbitral ainda estava no começo, agendamos uma reunião com os advogados da parte contrária, pertencentes a um dos mais renomados escritórios do Brasil, para discutir um possível acordo que abreviasse o litígio. Ao chegarmos no escritório deles, num prédio de alto luxo em São Paulo, fomos levados para uma pequena sala de reunião, na qual nos esperava, sozinho em uma mesa redonda no centro do cômodo, o sócio que dá nome a esse renomado escritório. Depois dos rapapés de praxe, que Celso sabe conduzir muito bem, começamos a discutir o caso e o tal advogado começou a tentar nos convencer que deveríamos aceitar um acordo, pois os nossos clientes, na sua opinião, não teriam razão. Com a habilidade que o consagrou na advocacia, o referido advogado decantou argumentos genéricos sobre o caso e logo percebemos que, a despeito de articular seu raciocínio com muito talento, ele não sabia direito do que estava falando, não conhecia os detalhes fáticos do caso.

Acho que o que ele não esperava era que o Celso conhecesse, em profundidade, o caso. Ao contrário do nosso interlocutor, que sabia do caso de ouvir dizer, o Celso sabia de cor e salteado as datas dos eventos relevantes, o conteúdo das decisões judiciais que eram importantes para a discussão na arbitragem, o nome dos juízes que as proferiram, enfim, tudo que era pertinente para a solução do caso.

E então o Celso, após ouvir a cantilena do advogado do nosso *ex adverso*, começou a rebater um a um, de forma contundente, mas sempre com muita elegância, todos os argumentos que foram levantados pelo renomado advogado, no afã de nos convencer a atingir uma composição. Após meia hora de debates, Celso aplicou um verdadeiro torniquete argumentativo no tal advogado, que, ao se perceber encurralado, sem conhecer fatos que pudessem rebater o que Celso dizia, virou para nós e disse:

– Você sabe, Doutor Celso, que nós dois já estamos em uma fase de nossas carreiras em que não precisamos ler mais documentos, não é mesmo?

Ao que o Celso respondeu de bate-pronto, em tom de brincadeira (apenas para quebrar um pouco o constrangimento que geraria):

– Meu caro Professor, eu gostaria muito de já estar nessa fase da carreira. Infelizmente, eu ainda estou numa fase da minha em que preciso ler os documentos do caso...

A resposta do Celso deixou o renomado advogado obviamente sem graça e o fez chamar um de seus sócios mais novos, que aparentemente conhecia melhor os detalhes do caso (mas mesmo assim não tão bem quanto o Celso), para aderir à nossa reunião. Obviamente, não chegamos a um acordo, e depois acabamos deixando de atuar no caso em razão de divergências insuperáveis entre nossos próprios clientes, que nos fizeram renunciar ao mandato antes mesmo de a arbitragem ser julgada.

Esta primeira história releva uma das principais características do Celso, que é sua profunda devoção pelos clientes e pelos casos. Mesmo com mais de 45 anos de carreira, o Celso ama a profissão e, ao contrário do que fazem muitos advogados com o mesmo tempo de experiência que ele, faz questão de examinar e conhecer no detalhe os documentos e fatos de cada um dos casos que lhe são confiados, seja diretamente pelos clientes, seja pelos integrantes do Escritório que o procuram pedindo conselhos.

“*Treino é treino, jogo é jogo*

A segunda história curiosa que eu gostaria de contar aconteceu coincidentemente também em uma arbitragem. Na verdade, no primeiro procedimento arbitral em que atuei diretamente na minha carreira. Tal e qual a primeira, essa outra experiência inesquecível com o Celso igualmente permite identificar outra marca registrada dele: a capacidade insuperável de questionar testemunhas e interrogar os representantes da parte contrária e deles extrair as informações necessárias ou até mesmo confissões.

Nosso cliente havia requerido a instauração de um procedimento arbitral contra um famoso empresário brasileiro, polêmico e já falecido, para cobrar uma multa contratual multimilionária em razão de o referido empresário haver rompido um contrato que haviam celebrado, para ganhar mais dinheiro fazendo um negócio com terceira pessoa. O caso era difícil porque a prova documental poderia não ser suficiente para garantir ao nosso cliente o direito de receber a cláusula penal a que tinha direito, e que havia sido pactuada exatamente porque se sabia que o referido empresário era useiro e vezeiro em descumprir contratos. Por esse motivo, a prova testemunhal seria crucial, mas sabíamos que as testemunhas que poderiam esclarecer os fatos e confirmar o direito do nosso cliente eram velhas raposas, acostumadas a situações de pressão, e devotavam lealdade canina ao indigitado empresário.

Celso se preparou intensamente para a audiência de instrução. Nos dias que antecederam a audiência, passamos noites ajudando o Celso a se preparar e examinar todos os documentos constantes do procedimento arbitral. Tamanho era o empenho do Celso, que parecia um advogado recém-formado empolgado com seu primeiro caso importante.

Logo no primeiro dia de audiência, após as partes apresentarem oralmente suas razões (com direito a uma sustentação oral magistral do Celso, diga-se de passagem) e após interrogarmos o tal empresário, que perdeu as estribeiras e teve que ser contido por seus advogados diante das perguntas ferinas que lhe foram dirigidas por Celso, chegou a hora de ouvirmos aquela que, possivelmente, seria uma das testemunhas-chave do caso. Tratava-se de um executivo com mais de 25 anos de experiência, braço direito do empresário de quem estávamos cobrando a multa contratual, e que obviamente havia sido muito bem preparado para depor. Sabíamos que seria difícil, senão impossível, extrair algo de útil dessa testemunha, mas era preciso tentar, já que apenas esse executivo conhecia alguns detalhes necessários para ganharmos a arbitragem. Após a testemunha responder as perguntas que lhe foram formuladas pelos advogados da parte contrária, e que seguiam um roteiro previamente ensaiado, Celso tomou a palavra. E a partir daí o que se viu foi uma verdadeira aula de como se questionar uma testemunha.

Ao final das três ou quatro primeiras perguntas que descontruíam a narrativa até então sustentada pela testemunha, impecavelmente formuladas pelo Celso e feitas de supetão uma após outra, o depoente já suava frio e olhava para os advogados da parte contrária como que pedindo socorro. A partir daí, cada vez mais apertada pelo Celso, que fazia uma pergunta atrás da outra, a testemunha perdeu totalmente o rumo e começou a dizer aos árbitros que preferia não tratar daqueles assuntos sensíveis a respeito dos quais o Celso lhe estava interrogando.

O presidente do Tribunal Arbitral, um dos mais eminentes árbitros do Brasil, repreendeu duramente a testemunha e determinou que ela não apenas parasse de olhar para os advogados da parte contrária, mas também que respondesse de forma clara e objetiva o que lhe estava sendo perguntado pelo Celso, pois, como testemunha, tinha o dever legal de dizer a verdade. Celso literalmente encurralou a testemunha e, com muita habilidade, perguntando 5 vezes a mesma coisa, mas de maneira inteligentemente diferente, foi explorando as contradições incorridas e no final conseguiu obter dessa testemunha praticamente todas as informações de que precisávamos. A primeira resposta da testemunha sempre era inócua, pois seguia o roteiro previamente ensaiado, mas as perguntas foram sendo feitas de modo a tirar a testemunha do script e contar toda a verdade que interessava ao nosso cliente.

Tenho que admitir que acompanhei aquele "interrogatório" boquiaberto com a capacidade do Celso de formular uma sequência impressionante de perguntas, contendo detalhes do caso, sem consultar qualquer anotação e sem pestanejar ou gaguejar por um segundo que fosse. Ao final do depoimento, os árbitros suspenderam a audiência por alguns minutos, e quando saímos da sala de audiência para um breve intervalo, ouvimos a referida testemunha, com a testa ainda suada, dizer baixinho para um dos advogados da parte contrária: "É, doutor, treino é treino, jogo é jogo..." Nem preciso dizer que, depois desse depoimento, todas as outras testemunhas arroladas pela parte contrária entraram na sala de audiência morrendo de medo do que viria pela frente.

O QUE REALMENTE CCM NOS LEGA

As duas breves histórias acima são apenas um pequeno aperitivo das incontáveis experiências que todos nós – integrantes de Pinheiro Neto Advogados das últimas quatro décadas e meia – tivemos o privilégio de viver com o Celso. Mas Celso é muito mais do que colega de trabalho que vem nos proporcionando essas experiências inesquecíveis. É um advogado incrivelmente completo: tem uma das inteligências mais aguçadas do Brasil; detém um conhecimento enciclopédico do Direito, material e processual; tem um talento único para redigir peças processuais; sustenta oralmente como poucos nos tribunais; sabe entender o negócio e o problema do cliente; sabe encontrar soluções simples para problemas complexos; é respeitado pelos juízes, de primeira instância ao Supremo Tribunal Federal, e também pelos seus pares advogados.

Talvez seja possível contar nos dedos de uma mão os advogados que conseguiram, na história da advocacia brasileira, reunir todas essas qualidades ao mesmo tempo. E, não bastasse isso tudo, Celso é um verdadeiro *gentleman*, de uma educação e cortesia singulares, como todos que o conhecem bem o sabem. Mas acho que a principal lição que o Celso nos ensina é que devemos ter profundo amor pela nossa profissão, que precisa e deve ser exercida com intensa dedicação para que a aquela divindade a que se referia CALAMANDREI possa sempre se manifestar!

Agente de pacificação

Quando o calo aperta...

José Alexandre Buaiz Neto

Daniel Costa Rebello

É difícil escrever sobre quem se admira. A admiração pode dar lugar ao pieguismo, roubando a sinceridade do texto. Além disso, falar das qualidades jurídicas de Celso Mori é chover no molhado. Por isso, estes autores preferiram economizar nos elogios, para compartilhar com o leitor cinco histórias, deixando para que ele próprio tire suas conclusões.

A primeira delas aconteceu em setembro de 2018. Havíamos acabado de assinar um acordo de leniência com o Ministério Público Federal. A negociação foi longa, cansativa e dura, com a vida da empresa em jogo a cada reunião. Era motivo para comemoração e fomos – os autores, Celso e uma enormidade de clientes – a um restaurante em Ipanema.

O cliente não poderia estar mais feliz e, já depois de algumas taças, o presidente da empresa desabou e desabafou: "Celso, eu sinceramente não sei como vocês aguentam essas emoções. Eu sei que você tem centenas de casos tão relevantes quanto este, mas tratando de temas diferentes, com pessoas diferentes e com paixões diferentes. Como você suporta essa mistura?".

Celso não pensou para responder. Ele apenas sorriu e, imediatamente, explicou ao presidente que sim, os casos eram diferentes; e sim, as pessoas eram diferentes. Contudo, a paixão era uma só: o advogado só é apaixonado pela justiça. Seja em uma disputa entre vizinhos, seja uma ação direta de inconstitucionalidade que mudará a sociedade, a luta, a obstinação, o comprometimento, é só pela e com a justiça. Possuindo uma só paixão, de que importavam os temas diferentes? De que importavam as pessoas diferentes?

De forma pragmática, talvez esse comentário rápido do Celso, durante um jantar de comemoração, explique muito sobre sua enorme capacidade de transitar em temas tão diversos do Direito, mas sempre de forma tão comprometida e aprofundada. Talvez esse comentário explique um pouco mais do que faz com que Celso seja o advogado que é.

A segunda história foi em julho de 2018. Um importante cliente do Escritório sofreu uma busca e apreensão. No meio do turbilhão de ligações, salas de crise e noites sem dormir, ficou bastante claro que a ajuda do Celso era imprescindível para controlarmos a situação e darmos o necessário conforto ao cliente naquele momento de dificuldade.

Essa foi a melhor decisão que tomamos em todo o caso. Não por conta de um coelho jurídico que ele tenha tirado da cartola ou uma estratégia inovadora. É que quando o Celso entra na sala, parece que todos tomaram Rivotril, com um gole de suco de maracujá para empurrar a pílula. De repente, o cliente tem uma confiança absoluta de que a situação está sob controle, de que "tudo vai acabar bem".

Nunca saberemos se esse efeito causado pelo Celso é provocado deliberadamente (achamos que é) por algum truque que ele jamais vai revelar, mas, somos todos testemunhas, ele acontece. O que sabemos é que a tensão foi dissipada quase que imediatamente, os problemas deram lugar à conversa descontraída e às piadas e, no que pareceu um passe de mágica, fez-se a ordem. Restabelecida a calma, Celso saiu discretamente da reunião, deixando os mortais para tratar dos problemas terrenos, que agora pareciam "tratáveis".

Talvez essa magia, confiança e segurança de Celso expliquem por que quando a situação fica complicada, todos se socorrem dele. Talvez esse dom também explique um pouco mais do que faz o Celso o advogado que é.

A terceira história – não nos lembramos ao certo quando ocorreu – foi em uma conferência telefônica. Mais uma vez, o cenário de caos havia se instaurado. O caso já durava anos e a situação factual era extremamente complexa. Sempre que era necessário adicionar alguém ao time, precisávamos separar um bom tempo para explicar os detalhes do caso, falar sobre a estratégia e evitar as armadilhas. Mas, nessa situação, não havia tempo. O cliente estrangeiro estava ao telefone para tratar de um tema bastante delicado e específico, mas que não entendia de forma alguma. Chamamos o Celso.

A nossa explicação para o Celso durou a enormidade de três minutos completos. Ele sinalizou que havia entendido do que o caso tratava e entrou na ligação. Nós, ainda na tentativa de mostrar ao cliente as opções e melhores estratégias, fizemos uma breve introdução, recebida com mais reticências pelo cliente. Aí passamos a bola para o Celso. Confesso que não sabemos se foi a forma como ele falou, se foram nossas próprias falhas de comunicação ou se foi apenas a aplicação, mais uma vez, desse truque (temos certeza de que é deliberado) que o Celso usa para acalmar as pessoas. Mas ele convenceu o cliente, com menos palavras e o mesmo conteúdo, do que não havíamos conseguido fazer durante a manhã toda.

Talvez seja a retórica do Celso, a formalidade descontraída ou o tom de voz de radialista que abaixem a temperatura e resolvam os problemas. Talvez essa maneira de entender rápido e explicar de forma simples esclareça, novamente, um pouco mais do que faz o Celso o advogado que é.

A quarta história ocorreu por volta de 2006. O diretor jurídico global de um cliente veio visitar o Brasil, mas o Sócio de relacionamento foi chamado às pressas para lidar com uma emergência. Para alguém dessa senioridade, só o Celso poderia resolver e, aceitando mais essa missão inglória, foi à reunião, acompanhado de um estagiário.

O cliente era sério, formal. Mas logo Celso Mori aplicou sua mágica e a conversa desenrolou rapidamente para Direito constitucional americano. O estagiário parecia ter algo a falar, mas não ousava interromper a conversa do Sócio sênior do Escritório e do diretor jurídico global da multinacional. Até que o Celso percebeu, se virou e perguntou a opinião dele. De repente, o estagiário foi incluído no diálogo daquelas feras. Mais do que a participação na conversa, ele levou para toda a carreira as lições de humildade e generosidade. Sabemos, porque o estagiário é um dos autores.

Mais uma vez, talvez essas outras qualidades expliquem – para além de toda a capacidade, o conhecimento jurídico e a tenacidade em resolver problemas – o que faz o Celso o advogado que é.

A quinta história ocorreu por volta de 2008. Vários integrantes do cliente, do Brasil e do exterior, deveriam prestar depoimentos a autoridades brasileiras. O cliente estava muito preocupado com os depoimentos, que se dariam em um contexto de grande animosidade já que o cliente era leniente e as outras partes já haviam indicado que fariam de tudo para constranger os depoentes.

Os depoimentos foram agendados em Brasília para segunda, quarta e sexta de uma semana. Nosso cliente só contava conosco – e o Celso – e as outras partes tinham cinco escritórios atuando por eles. Celso foi o único dos advogados que não permaneceu em Brasília a semana toda. Ele foi e retornou todos os dias em que os depoimentos deveriam ocorrer. Por si só, essa jovialidade encantou o cliente, que já o admirava e percebeu essa outra qualidade.

Contudo, ainda havia mais por vir. Um dos advogados das outras partes adotou como meta constranger os nossos clientes-depoentes. E de fato, pela insistência ou falta de modos, estava conseguindo deixar a todos desconfortáveis. Em um determinado momento exato, como um daqueles em que o professor faz uma pergunta para um aluno desatento, Celso simplesmente interveio com humildade, calma e concisão, deixando aquele que constrangia desconcertado. O advogado que tanto constrangia não formulou mais questões durante os depoimentos.

Não temos dúvida de que a intervenção do Celso, com firmeza, mas com elegância, foi fundamental para solucionar a questão. O cliente reconheceu o gesto do Celso e até hoje, passados mais de 10 anos, recorda-se com alegria desse momento. Talvez o Celso nem se lembre mais do evento, tão natural que foi sua intervenção.

Essa magia exercida pelo Celso, de deter atenções sem mudar o tom de voz ou perder a elegância, também fazem dele esse advogado que ele é.

Concentração de sabedoria

Mestre Celso Mori e os desafios do aconselhamento de clientes exigentes e advogados ávidos por conhecimento

Cristianne Saccab Zarzur

Para mim, Celso Cintra Mori sempre foi um grande mestre. Admiro-o desde 1992, quando entrei no Escritório ainda estagiária. Celso é uma das pessoas mais impressionantes que já conheci. Impressionante pela gentileza, pelo conteúdo, pela postura profissional e pessoal, pelo brilhantismo de raciocínio e, sobretudo, pela generosidade ao compartilhar seu conhecimento sempre, com toda a humildade dos sábios, com toda a simplicidade dos mestres.

Das inúmeras interações que tive a sorte e o privilégio de ter com Celso Mori durante a minha carreira em Pinheiro Neto Advogados, uma foi especialmente marcante, intensa, cheia de aprendizados, e reveladora da busca constante dele de conhecimento para atender o cliente da melhor forma possível. O caso? Submissão da parceria entre as fabricantes de cervejas Anheuser Busch e Antarctica para aprovação do Conselho Administrativo de Defesa Econômica, o Cade. O ano? 1996.

Eu tinha poucos anos de formada e era advogada júnior. O caso não havia sido trazido pelo cliente ao Escritório no seu início. Chegou a nós graças às habilidades do Alexandre Bertoldi, o Alê, quando, uma semana antes, a associação entre Brahma e Miller havia sido vetada pelo Cade. Por isso mesmo o cliente exigente esperava muito da atuação do Escritório. O caso Anheuser Busch/Antarctica tornou-se complexo pelas circunstâncias da decisão proferida pelo Cade em relação à operação Brahma/Miller, mas o cliente tinha confiança – até em razão dos precedentes da época e do interesse da Anheuser Busch de entrar no mercado brasileiro – de que teria autorização do Cade para uma associação com a Antarctica.

A operação permitiria a distribuição em um curto espaço de tempo dos produtos Anheuser Busch no Brasil, ofertando a milhões de consumidores brasileiros produtos que não estavam disponíveis ainda no país, aumentando a concorrência. Não havia aumento de concentração econômica nos mercados relevantes de atuação das duas empresas no Brasil naquele momento que justificasse um veto à operação. Para desespero do cliente, a Budweiser, carro chefe da Anheuser Busch, tinha presença mínima no país.

Como executora do caso, conversei com o Alê, que avisou o Jim Schobel, então *General Counsel* da Anheuser Busch, sobre a sensibilidade do julgamento do caso e a importância da presença dele durante a sessão pública, àquela época não transmitida via internet. O cliente voou ao Brasil na hora e se sentou na primeira fileira da pequena sala onde funcionava o plenário do Cade, no modesto prédio baixo e de linhas retas anexo ao Ministério da Justiça, em Brasília. Jim Schobel não falava português, mas queria entender todos os detalhes do voto a ser proferido pela Conselheira relatora. Providenciamos então uma tradução simultânea de última hora, feita por mim ao pé do ouvido do cliente. Situação desconfortável, no mínimo – mas era o que o cliente esperava.

O julgamento durou mais de cinco horas e a Conselheira relatora proferiu um voto aplicando uma teoria muito pouco adotada em outras jurisdições, da concorrência potencial. Para ela, a associação Anheuser Busch/Antarctica poderia vir a impedir uma concorrência que seria mais efetiva se Anheuser Busch entrasse sozinha no mercado brasileiro. Não havia precedentes. Em todos os mercados cervejeiros, as redes de distribuição são fundamentais, as condições de concorrência se estabelecem de maneira específica, as sinergias gerariam a ampliação na oferta de produtos. Não obstante, a relatora exigiu que a Anheuser Busch mostrasse "comprometimento" na parceria com a Antarctica, mediante não apenas uma associação com opção de compra de participação acionária – modelo definido pelas empresas – mas uma obrigação de aquisição de 30% da companhia brasileira. Dadas as características do mercado e da atuação da Anheuser Busch no mundo na época, defendíamos que a condição imposta pelo Cade para aquisição não fazia sentido econômico. Precisávamos virar o jogo e ajudar o cliente a tomar a melhor decisão considerando a situação do país. Precisávamos convencer o restante dos Conselheiros do Cade.

Jim Schobel – que se tornou um grande amigo do Celso e meu – desconfortável com o voto da Conselheira relatora, mas fiel ao Escritório, pediu ao Alê que o Celso passasse a cuidar do caso para buscarmos uma saída para a associação, muito embora o Celso não se apresentasse como especialista na área de defesa da concorrência. Como Coordenador da Área Contenciosa e nosso especialista em todas as áreas, Celso assumiu o desafio com serenidade e sugeriu que eu trabalhasse com ele, o que fiz pela primeira vez na minha carreira. O cliente topou.

Fiquei incrivelmente lisonjeada e ao mesmo tempo apavorada. Como eu conseguiria trabalhar com aquele mestre em um assunto tão específico, inovador e desafiador? Como conseguiria acompanhar seu raciocínio? Como faria para não o decepcionar com a minha pouca experiência? As perguntas eram muitas, o desafio era enorme, mas o Celso já me indicava uma certeza: juntos somos mais fortes e capazes; e as vaidades não podem e não têm lugar no Escritório, que tem por missão oferecer o melhor serviço jurídico para os seus clientes.

Foram três anos de convívio intenso, de aprendizado inigualável. A cada dia, uma lição de como olhar a floresta e não a árvore, como separar o que está resolvido nas discussões, para poder focar no cerne das questões a serem efetivamente respondidas. Lição também de como gerenciar pessoas, vaidades, culturas totalmente diferentes: os experientes executivos da Fundação Antarctica, e os "gringos agressivos" de Saint Louis, cidade da sede da Anheuser Busch.

Celso nunca perdia o prumo, nem nas discussões mais difíceis e inusitadas que tivemos com os Conselheiros do Cade a respeito do caso e dos efeitos danosos do voto da Conselheira relatora para a concorrência e para o mercado. Não tinha dia cheio de reuniões e prazos nem dificuldades na compatibilização de vários compromissos na agenda que o impedisse de conversar comigo sobre teses e estratégia, sempre com muita calma, serenidade e um raciocínio linear e preciso. Sempre gentil, dividindo conhecimento, méritos e elogios. A qualquer hora. Em todas as horas.

Foram inúmeras viagens a Brasília, mas o ápice da experiência profissional neste caso foi uma viagem para Saint Louis. Fomos juntos para uma reunião de Conselho da Companhia, para discutir o caso e a estratégia com os acionistas. Conhecemos a fábrica da Anheuser Busch toda, vimos aqueles cavalos Clydesdale enormes (símbolos da Budweiser), almoçamos no restaurante da Diretoria – e conhecemos o August Busch III pessoalmente. Mostramos ao cliente as nossas melhores e mais completas análises por todos os ângulos possíveis. Nada escapava do olhar sempre abrangente e experiente do Celso. Quantas emoções! Quanto aprendizado! Quantas risadas também!

Foram muitas horas de discussões aprofundadas sobre o sistema jurídico brasileiro, os efeitos da Lei de Defesa da Concorrência da época (Lei nº 8.884/94) e das estratégias comerciais possíveis diante do cenário desafiador de uma cultura de defesa da concorrência ainda pouco desenvolvida no país. Celso estudou muito a matéria, os julgados do Cade e vários materiais estrangeiros relacionados ao Direito da Concorrência e sua aplicação nos casos concretos. Vislumbramos juntos muitas dificuldades relacionadas à garantia da segurança jurídica diante do cenário desenhado pelo Cade, o que acabou levando o cliente, após muitas consultas e interações conosco, a tomar a decisão de desistir da parceria no Brasil, em face da intransigência regulatória. Conhecer os cenários, avaliar estratégias e produzir aconselhamentos difíceis, mas necessários, estão, sem dúvida, entre as impressionantes habilidades do Celso.

Até hoje lamentamos o fato de Anheuser Busch ter desfeito a parceria com a Antarctica, que no final do dia resultou na criação da gigante AB Inbev, sobre quem não se questiona a competência, mas que certamente gera, ao Celso e a mim, questionamentos sobre os efeitos concorrenciais da concentração de mercado. Mas se o caso não tivesse sido tão difícil, tão desafiador e tão interessante, eu não teria tido essa oportunidade única, incomparável, que marcou o início da minha trajetória profissional. Ao Celso, mais uma vez, meu muito obrigada.

Hoje vejo o Celso com a mesma energia, o mesmo brilho nos olhos, o mesmo entusiasmo de 1992. É impressionante e muito inspirador! Além de Sócio, considero-o não só apenas um mestre, mas também e principalmente um grande e queridíssimo amigo.

Raízes de Pinheiro Neto

Celso, o advogado que não só a palavra convence, como o exemplo arrasta

José Mauro Decoussau Machado

Uma das obras indispensáveis para se compreender o nosso país é "Raízes do Brasil", do célebre historiador Sérgio Buarque de Holanda. A obra, editada pela primeira vez em 1936, narra o intrincado processo de formação da sociedade brasileira e da cultura nacional. O leitor é convidado a refletir, ao longo dos séculos, sobre as diferentes influências e raízes que permitiram a formação do país multifacetado e multicultural que temos hoje.

Não raras vezes fazemos o mesmo questionamento em relação a Pinheiro Neto Advogados. Quais são as nossas raízes? Quais fatores foram decisivos desde a sua fundação, em 1942, para que se tornasse uma instituição bem-sucedida e de referência, mesmo diante de tantas adversidades. O questionamento é instigante, pois em qualquer instituição longeva, é fundamental identificar o que deve ser preservado e amoldado, com dinamismo, aos novos tempos.

Refletir sobre essa indagação nos leva, forçosamente, a concluir que as raízes da nossa instituição são as pessoas que dela fazem e fizeram parte. Pessoas que, ao seu tempo e do seu modo, ofereceram uma contribuição única para que alcançasse tamanha solidez.

Dentre as raízes que permitiram o crescimento dessa árvore frondosa, sem dúvida uma das mais representativas é Celso Cintra Mori. Celso, como prefere ser chamado, é, há quase 50 anos, exemplo de talento, ética e dedicação. Tais características tão marcantes acabaram, ao longo dessas mais de quatro décadas, deixando marcas indeléveis na instituição.

Gerações de advogadas e advogados foram formados tendo Celso como referência maior na advocacia e se apropriaram, pelo privilégio da sua convivência e generosidade, de uma fração dessas tantas qualidades.

A importância de Celso para Pinheiro Neto Advogados e para a advocacia brasileira torna-se mais clara quando consideramos que ele transita, com a mesma desenvoltura e profundidade, nas mais diferentes áreas do Direito. Sua excepcionalidade não se restringe ao Processo Civil, área a que se dedica com paixão. Com a mesma competência é chamado a atuar em fusões e aquisições de empresas, questões fiscais, trabalhistas, família e sucessões, propriedade intelectual, dentre outras tantas.

Celso integra o seleto grupo de juristas – na acepção mais estrita do termo –, que tem uma visão ampla do Direito e das suas implicações para a sociedade. Não por outra razão é considerado *trusted advisor* por líderes empresariais e políticos, que buscam em Celso um porto seguro.

E qualquer homenagem a Celso seria injusta e incompleta sem uma referência enfática à sua retórica; à capacidade inigualável de ordenar e apresentar o seu raciocínio oralmente, transformando questões complexas em temas de fácil compreensão. Foram incontáveis as vezes em que acompanhei suas sustentações orais *in loco* e a reação dos presentes é sempre a mesma: a entonação da voz e a técnica irretocável se impõem, fazendo com que as salas de julgamento se silenciem aos poucos dando espaço à sua notória habilidade.

Poder-se-ia imaginar que tudo seria decorrência apenas da vocação de Celso. Poder-se-ia acreditar que tudo seria intrínseco à sua capacidade intelectual, mas essa conclusão seria inverídica. Celso alia talento, inteligência e comprometimento. Tem um cuidado assombroso em analisar toda e qualquer informação que tenha relevância para o caso concreto e investigar, à exaustão, todas as alternativas. Atua nas trincheiras ao lado da equipe de advogados com a qual trabalha, impondo a sua liderança pelo conhecimento, mas também pelo exemplo.

Certa vez, em um caso complexo na área de Propriedade Industrial, recorri à ajuda de Celso para que ele realizasse uma sustentação oral. Era um processo com mais de dez mil folhas, que além de envolver uma discussão jurídica absolutamente inédita no país, também exigiria completo domínio dos fatos para que se pudesse defender a posição da nossa cliente. Celso estava convencido da questão jurídica, mas para a sustentação oral seria indispensável que também tivesse domínio dos fatos e documentos.

A solução foi enviar as mais de dez mil cópias para um hotel na cidade onde o julgamento se realizaria, para que Celso tivesse tempo, alguns dias antes, de analisar todas elas com a concentração e o tempo necessários. E assim foi feito. Celso não pestanejou e analisou toda a documentação alguns dias antes da sustentação.

E na sala de julgamento pude presenciar o que significa ser um advogado na acepção mais pura do termo. Celso não só teceu argumentos sólidos em relação à tese complexa defendida, mas fez referências pontuais e detalhadas a dezenas de documentos constantes dos autos que tornaram o seu raciocínio quase que inquestionável.

Até pela posição que alcançou, Celso poderia ter se restringido apenas aos aspectos estritamente legais, sem adentrar a detalhes factuais, mas o seu rigor técnico e compromisso com a profissão não permitiriam.

Esse exemplo me remete a um outro, este bastante recente. Em uma determinada ação se discutia se o réu teria sido acometido por um distúrbio psíquico, o que se revelava importante para determinar os motivos de mensagens ameaçadoras (e por vezes desconexas) que vinha encaminhando ao autor. Obtivemos uma decisão liminar para fazer cessar as mensagens, sob pena de multa diária, a qual surtiu pouco efeito prático. Seria importante aferir o estado psicológico do réu, o que por razões óbvias seria muito difícil.

Celso não se resignou. Por conta própria, de posse das mensagens, entrou em contato com profissionais da área médica e passou a investigar, juntamente com eles, se havia sinais que indicassem a existência de algum distúrbio. Após inúmeras conversas com especialistas e a leitura de dezenas de estudos sobre o tema, Celso dividiu com o restante da equipe um estudo clínico que descrevia com exatidão a forma de agir do réu, a maneira peculiar com que se comunicava, o que acabou sendo decisivo para solucionar a situação concreta.

Mais uma vez, Celso poderia ter se dado por satisfeito com a decisão liminar, que atendia irrestritamente ao que se havia pleiteado. Formalmente, o nosso trabalho como advogados estaria completo. Mas Celso fez questão de olhar de uma perspectiva diferente para que, efetivamente, conseguíssemos atender ao nosso cliente.

Esses são apenas dois exemplos, mas certamente cada advogado e advogada de nosso Escritório poderia dividir outros tantos igualmente representativos. No caso de Celso não só a palavra convence, como o exemplo arrasta. É por isso que Celso Cintra Mori é uma das raízes mais importantes da nossa profissão no país, que alimenta dia a dia novos profissionais que nele enxergam uma referência única na advocacia.

Tributo à virtude

De aforismos, brocardos e apotegmas: lições de ética por Celso Mori

Júlio César Bueno

"O homem é, naturalmente,
um animal político."
ARISTÓTELES, POLÍTICA, LIVRO I, 1253A

O homem é um ser racional, detentor do *lògos*, de racionalidade para o falar e o agir. Como animal político, destinado à *pólis*, depende, para o seu desenvolvimento, da vida social, das relações mantidas no meio em que vive e das influências que delas recebe. A vida social, porém, possibilita virtudes e vícios; colabora com a construção da justiça, mas também faz surgir a indesejada injustiça. Diante disso, como sujeitos morais autônomos – na busca do controle de nossos impulsos, inclinações e paixões – enfrentamos três dilemas éticos básicos: "Devo agir?", "Quero agir?" e "Posso agir?". Tal como nas palavras de Paulo de Tarso, descobrimos que "Tudo nos é lícito, mas nem tudo nos convém" ou que "Tudo nos é permitido, mas não devemos deixar que nada nos domine."

A ética é um comportamento humano. Originada do termo grego *ethos*, significa "modo de ser", "caráter", "costume" ou "comportamento". A ética é o estudo desses aspectos do ser humano, de um lado, procurando descobrir o que está por trás do nosso modo de ser e de agir; de outro, procurando estabelecer as maneiras mais convenientes de sermos e agirmos. Porém, como promover uma vida virtuosa e ética em sociedade? Como explicar que não se pode ser ético consigo mesmo sem ser ético com o outro? Como ensinar que a felicidade não está restrita ao prazer individualizado, dissociado da responsabilidade social, mas só se estabelece na relação (em prol e em conjunto) com outras pessoas? Como promover, de modo didático, essa vida virtuosa e ética em uma sociedade de advogados?

Em suas muitas décadas em Pinheiro Neto Advogados, nas múltiplas e importantes posições de liderança exercidas, Celso Mori tem buscado fomentar o agir virtuoso e ético, melhorando o que já se tinha por bom, buscando a excelência sempre. Sempre o melhor e todo o melhor para o cliente, sempre a melhor peça processual ou arbitral, sempre o argumento mais atual e convincente, sempre o respeito pelos pares e pela correta administração da justiça. Nesse caminhar, Celso, muitas vezes, se utilizou de aforismos, brocardos e apotegmas, alguns dos quais aqui compilados; em todas as vezes em que ensinou, acima de tudo, fê-lo por seu mais indelével exemplo.

A força de aforismos, brocardos e apotegmas está no seu potencial de aplicação universal, em seu espírito antidogmático. São metáforas intuitivas, de natureza zetética. Essa técnica é empregada por Celso na construção de um solo seguro, para "uma casa edificada sobre a solidez da rocha", acima da torrente frenética das impressões intuitivas. Desse modo, a hierarquia, a classificação e o método dirigem-se à construção de melhores práticas de convivência pessoal e profissional.

Separei dois exemplos que me foram ditos por Celso. É possível não ter sido ele o autor originário de tais ensinamentos, mas, reputo-os como se dele fossem, tantas foram as vezes que acabaram repetidos e enfatizados, em situações diversas e para grupos distintos. Alerto, porém, que nunca recebi qualquer explicação do Celso quanto ao seu conteúdo e aplicação, a tão almejada interpretação histórica. Transmito-os, portanto, no contexto e do que deles apreendi.

> *É melhor ficar vermelho de uma vez que amarelo sempre.*
>
> *In claris non fit interpretatio*

O "não-agir", o "não-dizer" e a "meia-verdade", muitas vezes, se apresentam como opções sedutoras diante de um desafio. Premidos pelo conforto da inércia, desejamos a inação, o silêncio ou um roteiro açucarado, esperançosos de que, assim, não atrapalharemos o rumo das coisas e que "o Universo agirá por nós", de alguma forma, milagrosamente resolvendo o que deve ser solucionado sem que tenhamos que enfrentar desgaste algum nesse processo.

Dar uma notícia ruim, com a necessária clareza de suas circunstâncias; apresentar o *feedback* a um subordinado, expressando, didaticamente, as dificuldades de seu avanço na carreira; salientar a importância dos princípios éticos que nos guiam, para declinar, explicitamente, propostas indecorosas ou inadequadas; evidenciar ao cliente os riscos e os desafios de um caso que, até então, lhe era percebido como absolutamente favorável; ou, simplesmente, dizer não. Esses são alguns exemplos de circunstâncias difíceis e tentadoras, e que, portanto, exigem um compromisso permanente com a verdade.

Não fazer nada, não dizer nada ou dizer algo que está longe de ser a verdade completa é negar ao outro a sua autonomia, é tratá-lo como alguém menor e incapaz de lidar com circunstâncias, independentemente de essas lhe terem sido devidamente aclaradas ou não. É preciso, portanto, respeitar o interlocutor, garantindo-lhe a informação correta, sem rodeios e mistificações, dando-lhe a oportunidade de uma "decisão informada" em face do que lhe foi apresentado. Devemos explicitar as razões, a fim de que não paire dúvida sobre o que está sendo feito, o que está sendo dito e os valores éticos envolvidos. Se parte da solução é conhecer o problema, ao negarmos esse direito ao nosso interlocutor poderemos aprofundar o seu desafio ao ponto de torná-lo insolúvel.

Quem trabalha com o Celso aprende desde cedo a importância desses ensinamentos. “Nas coisas claras não se faz interpretação”. Buscar a transparência exige compromisso, disciplina e coragem. Dizer a verdade – da forma mais cristalina e completa possível – pode trazer desconforto extremo (“ficar vermelho de uma vez”), mas é muito melhor que a experiência de um desconforto alongado de quem opta por sonegá-la (“ficar amarelo sempre”).

“*Não se pode querer uma coisa e seu contrário ao mesmo tempo.*

“Não há outro bem senão o que pode servir para pagar o preço do acesso ao desejo.”

JACQUES LACAN, A ÉTICA DA PSICANÁLISE, RIO DE JANEIRO: JORGE ZAHAR, 2008, P. 376

A contradição nos define. Como ensina Ferreira Gullar, “Uma parte de mim é todo mundo: outra parte é ninguém: fundo sem fundo. Uma parte de mim é multidão: outra parte estranheza e solidão. Uma parte de mim pesa, pondera: outra parte delira.” Somos seres desejantes e, consequentemente, contraditórios. Vivemos o dilema de buscarmos algo que nem sempre – nunca? – nos completa. Sofremos, ainda, porque raramente nos dispomos a percorrer o caminho necessário para que o desejo seja concretizado. Desejamos algo e seu contrário ao mesmo tempo porque sabemos que “Escolher é perder sempre”, como diz o dito popular.

Saber-se contraditório, porém, não significa se aceitar destinado a viver de acordo e nos termos dessa contradição. A busca do equilíbrio das muitas vontades, da temperança em meio às múltiplas potencialidades, traz paz à alma, equilibra a coluna, ergue a cabeça e torna-nos mais aptos a um convívio saudável em sociedade. Viver a "não contradição" é tarefa difícil. Ensina Salomão no livro de Provérbios que "Maior é o que controla o seu espírito do que conquista uma cidade". Diante do desejo afetado pelas múltiplas possibilidades, há que escolher o que nos é mais valioso e relevante, descartando o que nos contradiz. Em face da realidade imposta há que se aceitar o concreto, subjugando a angústia pela ausência do que não se terá. A atuação profissional vitoriosa no campo da advocacia exige um longo caminho de dedicação: "Ora et labora", sempre. A concretização do desejo exige compromisso, disciplina e coragem.

Para sermos prioridade para o cliente devemos estar prontos para tratá-los como tal. Para atingirmos a excelência devemos desenvolver um trabalho com a dedicação e paciência necessárias. Para nos relacionarmos bem com os outros devemos nos empenhar para criarmos uma convivência de mútua colaboração. Estudo contínuo, visão de longo prazo, dedicação absoluta ao cliente, observância ao acordado com todas as partes envolvidas e transparência no exercício profissional. Qualquer desprezo por esses critérios é atalho, e a vida permeada de atalhos não prospera, como ensina J.R.R. Tolkien: "Os atalhos causam longos atrasos." Saber o que se deseja, deixar de lado o que é contraditório e aprender a viver com essa escolha é o caminho para a maturidade e a base para a construção de uma vida virtuosa e ética.

RESTA O ESSENCIAL

É importante que este livro de homenagem tenha sido idealizado de forma tão competente sem que o Celso dele tivesse conhecimento. Certamente, na sua reconhecida modéstia e discrição, teria buscado impedir a publicação de "exageros" – para ele, apenas! – nas expressões de apreço que lhe viriam a ser dirigidas.

No entanto, mais importante do que para o Celso, este livro o é para todos nós, seus colegas e admiradores. Trata-se de um tributo pelo caminhar virtuoso e ético que ele buscou forjar em cada um de nós. Como ensina Clarice Lispector: "A felicidade aparece para aqueles que reconhecem a importância das pessoas que passam em nossa vida". Sejamos, portanto, ainda mais felizes, ao prestarmos a ele essa merecida e devida homenagem.

A essência da advocacia

Celso Mori e a cooperação como pedra de toque da atuação profissional

Renê Guilherme S. Medrado

Ao contrário do que se poderia pensar, escrever sobre o papel de Celso Mori, o CCM, em nossa formação jurídica e profissional deveria ser algo fácil, pela fluidez do pensamento em meio a tantas experiências e ensinamentos recebidos nos últimos 26 anos. Mas, na verdade, justamente pela pluralidade das experiências, ela se revelou mais complexa do que deveria.

Poderia mencionar as palestras que presenciei no Escritório, para público interno ou externo, em que almejei ter apenas uma parte de seu conhecimento jurídico, postura profissional, capacidade de comunicação, e tantas outras qualidades que nítidas são para todos que o conhecem. Poderia também falar sobre as diversas vezes em que, ainda estagiário ou bem jovem advogado, fui discutir um caso em sua sala no Escritório na Rua Boa Vista, muitas vezes acompanhado de um Sócio, mas tantas outras sozinho.

Dizia-se nos vãos do Escritório: "Se vai discutir um caso com o CCM, tem que saber todos os fatos e as discussões jurídicas aplicáveis". O que aparentemente poderia ser um problema pelo temor reverencial se dissipou com a certeza de seu respeito para com o interlocutor, não importando a fase de carreira do profissional com quem esteja lidando. Lição para os anos seguintes, para além do conhecimento jurídico e estratégia processual ali apreendidos.

Também poderia dizer das conversas sobre aprimoramento profissional, o seu apoio incondicional ao meu projeto de capacitação em Disputas de Comércio Internacional, na medida em que, naquele tempo, em 2001, já me dedicava ao Direito Econômico, e me encaminhava para aprofundar os estudos no Direito do Comércio Internacional, vertente do Direito ainda incipiente, à época, no Brasil. Com o dólar em um patamar recorde (metade do que é hoje!), veio o sábio conselho de vender o que tinha para vender ("Doutor, venda até o papagaio"), ao mesmo tempo em que, paralelamente, vim a saber que, nas discussões entre os Sócios, defendeu (junto com outros tantos Sócios) que o Escritório excepcionalmente me apoiasse para além das regras institucionais da época. E se seguiu o meu percurso de formação profissional no exterior.

Também poderia me alongar sobre todos os casos complexos em que temos trabalhado juntos. Na cassação de liminar que impedia um leilão de venda de empresa subsidiária de sociedade de economia mista, relacionada ao ramo de seguros, percorremos o CPC inteiro, da primeira instância da Justiça Federal em São Paulo, até o STJ e o STF, para ter a liminar cassada pela Desembargadora Federal competente no caso, após três repristinações da medida, e muita ansiedade dos clientes envolvidos, impedidos de implementar a operação multimilionária.

Duas frases me vêm à mente ao lembrar daquele caso. O nosso mandado de segurança seria julgado pelo Pleno do TRF de São Paulo, e CCM faria a sustentação oral, contrapondo-se a um ex-presidente da OAB, advogado da parte adversa. Preparei os pontos, discutimos com a devida antecedência, mas Celso precisou ir ao Rio de Janeiro na manhã do julgamento, para uma emergência. Me ligou de dentro do avião, saindo do Rio: "Renê, ponha a beca, e esteja pronto para sustentar, caso eu não chegue – não há ninguém que conheça o caso melhor do que você".

CCM me dava o impulso de confiança e segurança que contribuiu na minha formação; mas, para benefício do Pleno do Tribunal e de todos os presentes, chegou a tempo para fazer mais uma brilhante sustentação oral, esclarecedora e bem-fundada. O caso ainda se alongou perante o STJ e o STF, mas terminou com um veredicto recompensador, para um jovem advogado de vinte e tantos anos: "Doutor, me mande o seu endereço pra eu poder enviar uma caixa de champagne pra lá!"

Também, em uma das viagens que realizei com CCM, em meio aos diversos embates judiciais mantidos com empresas de transporte público coletivo em um determinado estado do sul, que, estando no aeroporto daquela capital, comentei, naquele 21 de dezembro, que as coisas se esfriariam, considerando a época de final do ano. Celso não pestanejou: "Nada disso, perseverar sempre, não se pode reduzir o ritmo!"

Há outros tantos causos e situações, que incluiriam as conversas e discussões mantidas em nossas reuniões de Sócios do Contencioso do Escritório, as contribuições do Celso nas reuniões anuais de Sócios, e também o contar das histórias mais antigas, muitas muito bem-humoradas, ocorridas ao longo dos quase 80 anos do Escritório que compomos, meio que em uma passagem de cultura por tradição oral.

Mas resolvi focar em uma experiência, pois me revelou aquilo que me parece essencial na atuação como advogado. Muitas vezes sou honrado por clientes solicitando minha participação em processos judiciais ou arbitrais relacionados às matérias de Direto Econômico e, nessas oportunidades, não são poucas as vezes em que Celso e eu temos trabalhado juntos. Em uma dessas, fui chamado por um cliente, com quem já havia me envolvido em duas discussões complexas no CADE (uma relativa à revisão inédita de um Acordo em Controle de Concentrações – ACC, e outra relativa à aquisição de outra empresa de serviço público, com níveis de concentração importantes), no que ele denominou ser um caso "talvez impossível".

O caso não somente tinha discussões jurídicas, no campo do direito obrigacional, como também questões regulatórias e concorrenciais relevantes, além de se desenrolar perante um Tribunal Arbitral. E, para somar, uma discussão de astreintes no TJ-SP, já na casa de centenas de milhões de reais. Obviamente que essa situação levou a um feixe de complexidades, como a necessidade de se responder com a devida profundidade e acurácia os argumentos que seriam desenvolvidos na esfera arbitral, ao mesmo tempo em que se desafiava a astreinte conseguida pela parte contrária, já em segunda instância, sem intervenção nossa, já que a inicial havia sido indeferida de plano em primeira instância, mas admitida em segunda, com a aplicação da medida urgente, em julgamento colegiado. Tudo isso somado a um ambiente corporativo de alta sensibilidade, pelo risco iminente financeiro, e agudizado pela natural divisão de estratégias que esse tipo de situação gera.

Foi então que o cliente concordou que deveríamos entrar urgentemente com uma medida cautelar incidental no curso da arbitragem, para provocar uma decisão do Tribunal Arbitral, já que, com a sua instauração, passava a ser o competente para decidir sobre a revogação ou reforma da astreinte. Ocorre que eu precisava viajar ao exterior, para compromisso inadiável de ordem familiar. Fui compartilhar isso com o Celso, apreensivo, porque o caso era de minha responsabilidade, como Sócio, e, embora tenha organizado o trabalho em todas as frentes, com a equipe, meu pensamento sempre foi o de colocar o cliente em primeiro lugar, e a situação recomendava o cancelamento da viagem. Celso me tranquilizou, dizendo que nesses momentos precisamos atender o cliente e a família, e que cuidaria de mais aquela reunião urgente pedida pelo cliente – uma delas foi em pleno aniversário meu, em um sábado, e meus filhos, pequenos, me viram ir ao aeroporto logo depois de termos partido um bolo no café da manhã, para somente me ver retornar ao final do dia – com o apoio de nossa competente equipe. Assim se deu.

Em meio à minha viagem (eu ficaria seis dias fora do país), a pressão ficou insustentável, e tivemos que produzir a peça antes de minha chegada, que já se atrasava por conta de greve na companhia aérea. Falamo-nos ao telefone, ele me disse que precisaria ir a Brasília para despachar no STJ, então combinamos que faríamos a peça a quatro mãos. Em meio a atividades familiares, enviei a ele uma primeira minuta antes que ele saísse para Brasília, para que pudesse revê-la depois de sua primeira audiência lá.

Antes de seu voo de volta a São Paulo, CCM me enviou a minuta com apontamentos e edições, já sendo final da noite na capital europeia em que me encontrava. Trabalhei na peça no corredor do quarto do hotel, enquanto a família dormia no quarto ao lado, e devolvi para que ele pudesse revê-la quando de sua chegada em São Paulo. Fui dormir. Ele a reviu depois de jantar com sua família e eu então a finalizei no começo de minha manhã, enviando-a em seguida aos clientes, para ajuizamento imediato naquele mesmo dia. Ao final, depois de audiência com o Tribunal Arbitral, a astreinte foi reformada, aliviando a pressão, e o caso seguiu o seu curso.

O essencial de toda essa história, que se passou em 2014, foi ter aprendido, pelo exemplo, sobre o companheirismo profissional: o estado de prontidão e de ação tempestiva para assistir um par de maneira decisiva na resolução dos problemas jurídicos que se apresentem, baseado na compreensão da cooperação como pedra de toque da atuação profissional. O companheirismo do Celso me impactou tremendamente pela sua sensibilidade e compreensão da situação então vivenciada, contribuindo como inspiração para o papel de liderança que exerço em minhas diversas funções hoje.

Fico muito feliz de compartilhar algumas das histórias vividas no Escritório, que ilustram a dimensão do respeito e da admiração que temos pelo Celso, nosso grande mentor.

Fonte de inspiração

Não existe meio caminho para a ética: ou você tem, ou não tem

Renato Stephan Grion

"10º AMA A TUA PROFISSÃO
Trata de conceber a advocacia de tal maneira que no dia em que teu filho te pedir conselhos sobre seu destino ou futuro, consideres uma honra para ti propor-lhe que se faça advogado".

EDUARDO COUTURE[1]

Escrever um singelo texto sobre Celso Cintra Mori não é só uma maneira simbólica de lhe prestar uma justa homenagem, mas também à própria classe dos advogados, por tudo o que Celso simboliza e representa. É também um exercício muito prazeroso, que nos faz reviver algumas experiências e histórias memoráveis, cheias de ensinamentos, que vão muito além da técnica jurídica e da advocacia, ofício no qual Celso é indiscutivelmente um mestre, com lugar cativo no panteão dos grandes juristas brasileiros de todos os tempos. Se isso já não fosse algo digno de nota, ele é também alguém com qualidades pessoais extraordinárias, representando um modelo não só de advogado, mas de pessoa e cidadão. Uma verdadeira fonte de inspiração.

Sinto-me um verdadeiro privilegiado, pois tenho tido a alegria e a satisfação de poder conviver e trabalhar com Celso ao longo dos últimos quase 15 anos. Nesse período aprendi e aprendo com tudo o que ele faz em seu ministério profissional, que cumpre com pugnacidade e galhardia, dignificando a nossa gloriosa profissão, sempre muito orgulhoso de pertencer a Pinheiro Neto Advogados, para cujo sucesso tem contribuído imensamente há décadas.

Para ilustrar toda a genialidade de Celso, um caso apenas não seria suficiente. Até porque, o que faz dele alguém diferente e diferenciado, em minha opinião, não é só a atuação sempre destacada e brilhante num ou noutro caso específico – e não foram poucos ao longo de uma carreira de mais de 50 anos! Celso se destaca pelo exemplo e pela consistência no modo em que atua, tanto no plano profissional, como no pessoal, o que o torna um verdadeiro líder, que demonstra um padrão de conduta sempre irretocável.

Eu poderia relatar às presentes e futuras gerações casos grandiosos em que Celso, nosso eterno e querido CCM,[2] atuou com brilhantismo e enorme destaque, e os casos foram tantos, que nem uma coleção de livros como este daria conta de tamanha missão. Como vários outros integrantes de nosso Escritório, tive o privilégio de testemunhar Celso fazer sustentações orais memoráveis, escrever petições estilosas e contundentes, preparar memorandos técnicos e cartesianos, proferir discursos inspiradores, presidir assembleias com maestria, ser louvado e reverenciado por advogados, promotores, procuradores, juízes, desembargadores, ministros e outras autoridades. Alguns desses materiais e eventos, felizmente, a tecnologia preservará intactos, outros serão guardados no íntimo de cada um que teve e tem o privilégio de trabalhar com Celso.

Eu também poderia falar de sua impressionante cultura e de seu caráter multidisciplinar, com uma invejável facilidade e autoridade para tratar de vários temas, indo de política, a questões socioeconômicas e filosóficas, a, claro, o Direito, em todas as suas áreas e dimensões e transversalidade. Igualmente digna de nota é a constante disponibilidade de Celso para aconselhar seus Sócios e as novas gerações de advogados, em qualquer tipo de situação.

No meio de tantos grandes feitos, escolhi um acontecimento recente do qual participei. Em sua essência, pode parecer algo singelo e trivial, mas que me fez refletir sobre algumas das virtudes e qualidades que fazem de Celso um advogado excepcional e respeitado por todos à sua volta e além, e daí tirar alguns ensinamentos.

---

2 Sigla pela qual é conhecido internamente em Pinheiro Neto Advogados.

No segundo semestre de 2020, já no meio da pandemia de Covid-19, Celso recebeu mensagem de um diretor jurídico de uma empresa multinacional indagando-o sobre a possiblidade de nosso Escritório representá-la como autora de uma ação anulatória de sentença arbitral, que havia condenado esse possível cliente numa arbitragem que fora patrocinada por um escritório renomado de São Paulo.

A primeira reflexão de Celso foi chamar três de seus Sócios que integram a Prática de Arbitragem, para que pudessem ajudá-lo a analisar o caso e o material que nos fora enviado. Na sequência, após uma breve conversa de alinhamento entre nós quatro, enviou-nos um e-mail com o bom humor de sempre, com os seguintes dizeres, *ipsis litteris*: "Como conversado. Divirtam-se".

Nós, Sócios que fomos encarregados da "missão", analisamos então o material e, no dia seguinte no final da tarde, tivemos uma nova conversa com Celso, que havia estudado o caso em detalhes, sobre as chances de o potencial cliente obter sucesso na anulação da referida sentença arbitral. Dadas as circunstâncias do caso, o entendimento comum foi de que as possibilidades de êxito seriam remotíssimas.

Finalizada a conversa de alinhamento, sempre recheada por um bom e agradável bate-papo, Celso, de próprio punho, preparou um memorando ao diretor jurídico que o havia procurado, sem que ainda tivéssemos sido formalmente contratados para o caso. Assinou-o em nome de Pinheiro Neto Advogados, tendo a gentil consideração de incluir os nomes dos três Sócios que o ajudaram na análise do caso. Eis os dois parágrafos finais do memorando:

> "20. Nesse contexto, no nosso entender, não estão presentes os pressupostos do art. 32 da Lei 9.307/96, razão pela qual não nos sentimos habilitados a conduzir eventual ação de anulação da sentença arbitral em questão.

21. Agradecemos a distinção de termos sido considerados para essa tarefa, e ressalvamos que, conforme sejam formulados e respondidos os pedidos de esclarecimentos, existe a possibilidade remota de se configurar vício passível de apreciação judicial. Mas essa avaliação dependeria de exame da nova manifestação dos árbitros e eventuais outros fatos supervenientes a esta manifestação".

A pronta reação do potencial cliente ao receber a mensagem foi a seguinte:

"Prezado Dr. Mori,

Agradecemos, sinceramente, os comentários desse Escritório e toda a atenção dispensada.

Caso desejem cobrar honorários pelas horas dispendidas, por gentileza, queiram enviar a fatura aos meus cuidados.

Atenciosamente,

[Diretor Jurídico]"

Celso teve então a cortesia de consultar os seus três Sócios sobre a eventual cobrança de honorários pelo trabalho realizado. Sugeriu, no entanto, não cobrá-los, no que foi prontamente seguido pelos seus Sócios.

Menos de dois meses depois, nova mensagem da referida empresa:

"Bom dia Dr. Mori,

Recentemente, entrei em contato com os Srs. sobre eventual ação anulatória de sentença arbitral, conforme e-mails abaixo.

Volto a entrar em contato sobre outro caso: uma provável arbitragem (ou eventual mediação).

A contraparte seria a [nome da empresa]. Pergunto aos senhores se o vosso Escritório teria conflito de interesses em atuar pela [nome do potencial cliente] contra a [nome da parte contrária].

Muito obrigado".

Feita uma checagem interna de conflitos, nosso Escritório teve que declinar do caso por conta de um conflito identificado com a parte contrária, cliente do Escritório. Mas, menos de um mês depois, nova mensagem do mesmo potencial cliente:

> *"Prezado Dr. Mori:*
>
> *Espero que vosso Escritório não tenha conflitos de interesse com o [nome do grupo] ou com [nome da segunda empresa envolvida no litígio], para que finalmente possamos trabalhar juntos".*

Felizmente, dessa vez, pudemos aceitar o caso, que até o dia da finalização desta nota ainda se encontrava em andamento.

Essa série de acontecimentos, que em uma análise perfunctória, podem parecer mundanos e corriqueiros, fizeram-me refletir sobre algumas características, traços, virtudes e valores que fazem de Celso um advogado excepcional, extraindo daí alguns ensinamentos que me parecem úteis compartilhar, principalmente com os mais jovens. E os ensinamentos são tanto de ordem mais pragmática, como também de natureza mais filosófica. É da segunda categoria que pretendo tratar.[3]

A primeira reflexão é que uma carreira de sucesso não se constrói de um dia para outro. Trata-se de uma maratona, sem atalhos. Nossa reputação[4] é construída a cada dia, ao longo de uma extensa jornada, com muito esforço e dedicação.[5] A reputação que construímos é aquela que nos traz clientes sérios e que

---

3 Como bem pontua Pierre-Yves Gautier sobre a importância da filosofia: "Précisément, si l'on se réfère à la Grèce antique, période heureuse de la philosophie, aux Socrate, Platon, Aristote et tant d'autres, on voit bien que celle-ci, loin d'être une pure spéculation intellectuelle et gratuite, avait au contraire l'ambition de former les hommes pour leur vie et l'accomplissement de leurs missions dans la Cité." (GAUTIER, Pierre-Yves. De l'utilité de la philosophie du droit pour les professionnels. *In* **Études à la mémoire du professeur Bruno Oppetit**. LexisNexis/Litec, 2010, p. 281).

4 Código de Ética e Disciplina da Ordem dos Advogados do Brasil – OAB, Art. 2º, parágrafo único: "São deveres do advogado: (...) III - velar por sua reputação pessoal e profissional".

5 Postulado constante do Código de Ética e Disciplina da Ordem dos Advogados do Brasil – OAB: "aprimorar-se no culto dos princípios éticos e no domínio da ciência jurídica, de modo a tornar-se merecedor da confiança do cliente e da sociedade como um todo, pelos atributos intelectuais e pela probidade pessoal; agir, em suma, com a dignidade e a correção dos profissionais que honram e engrandecem a sua classe".

confiam em nosso trabalho para ajudá-los a encontrar possíveis soluções para seus problemas e aflições, dentro da lei. Se bem correspondidos, tornar-se-ão nossos parceiros de longo prazo.

No caso em comento, o novo cliente veio ao Celso por tudo que ele e o Escritório representam. Atrair casos relevantes e complexos não acontece do dia para noite, e a extensa e brilhante carreira de Celso, formado em 1968 e em plena atividade profissional, é prova contundente disso. Ele nos ensina que precisamos tratar cada cliente como único, merecendo toda a nossa atenção, sendo um imperativo moral que decorre da própria função social inerente à nossa profissão.[6]

Outros pontos que merecem destaque, e que são característicos de Celso, foram a prontidão e a cordialidade na resposta enviada ao possível cliente. Quem nos procura, principalmente nos casos contenciosos, busca uma solução para algo que lhes aflige. Mais do que etiqueta e profissionalismo, uma resposta rápida e cordial demonstra preocupação com os problemas de pessoas e empresas que chegam ao nosso Escritório. Celso trata os clientes e possíveis clientes como nós gostaríamos de ser tratados.

Em resumo, o que caracteriza a conduta de Celso é o seu absoluto comprometimento com o cliente, é colocar-se em seu lugar, e trazer o melhor de si para ajudá-lo. E esse comprometimento extravasa a relação advogado/cliente, para atingir um patamar ainda maior, que é um comprometimento à própria advocacia. Nesse ponto fundamental, peço vênia para transcrever palavras do próprio Celso:

> *"Existe algum requisito fundamental para trabalhar com você [Celso]?*
>
> *O primeiro pré-requisito é o comprometimento com a profissão. (...) E acho que uma exigência fundamental para estar no*

Escritório hoje é comprometimento, interesse genuíno pela profissão.[7]

Ainda nas palavras de Celso, a advocacia pode ser muito realizadora, mas exige o já aludido comprometimento:

> *"Gostaria apenas de enfatizar o seguinte: a advocacia é uma atividade socialmente muito relevante. O Direito, de modo geral, tem um grande papel social, é fundamental na organização de toda sociedade. Quem opta por ser advogado pode encontrar realização e um belo projeto de vida, mas isso exige comprometimento. Não existe sociedade sem Direito. E acho que a trajetória do advogado nessa busca, nessa definição, é algo altamente realizador".*[8]

Outro ponto característico de Celso é demonstrar um verdadeiro e genuíno sentimento de gratidão pela confiança que nos é depositada por nossos clientes. Ressalto os qualificativos verdadeiro e genuíno, pois Celso é claramente apaixonado pelo que faz, sensação transmitida instintivamente aos clientes, que o adoram. Ter prazer no que fazemos é fundamental, e Celso nos lembra dessa lição a todo o momento, mesmo sem dizê-lo expressamente, como o caso relatado demonstra nas entrelinhas.

Os fatos descritos também revelam outras características de Celso. Uma cordialidade e elegância ímpares, uma capacidade de lidar com todas as pessoas à sua volta com empatia e uma enorme capacidade agregadora, o que frequentemente facilita e melhora nosso trabalho. Mesmo nos casos mais desafiadores e complexos, podemos dizer que é sempre divertido e prazeroso trabalhar com Celso, que ininterruptamente passa uma sensação de calma e racionalidade, qualidades importantíssimas ao advogado. A impressão que transparece é que, quanto mais sensível, intrincado e urgente o assunto, mais calmo e sereno ele fica. Sempre

7 *In* MOREAU, Pierre (Org.). **Grandes advogados**. Rio de Janeiro: Casa da Palavra, 2011, p. 113.
8 *In* MOREAU, Pierre (Org.). **Grandes advogados**. Rio de Janeiro: Casa da Palavra, 2011, p. 117.

bem-humorado, Celso chegou a afirmar certa feita o seguinte: "[a] credito que minha maior vantagem competitiva na advocacia seja a pulsação baixa. É difícil haver um caso que eleve minha pulsação, porque sempre consigo pensar racionalmente naquilo que estou fazendo".[9] Quem trabalha com Celso sabe bem disso.

O exemplo dado demonstra ainda a capacidade de trabalhar em equipe de Celso, agregar conhecimento e opiniões de colegas, tudo para o bem do cliente.[10] Mas uma observação importante neste ponto, principalmente aos mais jovens, é que Celso nunca se furtou, até os dias de hoje, a debruçar-se pessoalmente sobre um assunto e, com frequência, escrever de próprio punho um determinado documento, como o memorando que preparou sozinho no caso relatado acima.

Também demonstra uma aguçada capacidade de ouvir a opinião e o conhecimento dos outros, independentemente de experiência ou idade, o que faz ressaltar outras grandes qualidades de Celso, que são a modéstia e a vontade (e abertura de espírito) de sempre aprender mais.

Outra característica que se destaca, e que se confunde com a própria essência de Celso, é a lealdade, em sua aplicação mais abrangente.

A lista ainda poderia se estender por várias páginas, mas dois pontos que me parecem merecer uma reflexão particular podem ser extraídos do exemplo citado.

O primeiro deles é a coragem da análise independente e imparcial do advogado, verdadeiro pilar da advocacia séria e

---

9 *In* MOREAU, Pierre (Org.). **Grandes advogados**. Rio de Janeiro: Casa da Palavra, 2011, p. 104.

10 Celso leva ao pé da letra um ensinamento deixado por José Martins Pinheiro Neto que é muito caro a todos os integrantes de Pinheiro Neto Advogados: "O esforço somado de todos é o que constitui a firma, que por isso mesmo é maior do que qualquer de nós isoladamente – e, também, maior do que a soma isolada de cada um de nós." Citação extraída do *website* de Pinheiro Neto Advogados no endereço www.pinheironeto.com.br. Acesso em 14.4.2021.

comprometida,[11] da qual Celso é um estandarte. É fazer um julgamento absolutamente técnico e neutro da situação, ainda que isso não seja o que o cliente espera ouvir.[12]

Como visto no relato anterior, depois de analisar o caso em detalhes e conversar com seus Sócios, chegou-se à conclusão que as chances de êxito da medida aventada pelo potencial cliente seriam remotíssimas, o que levou o Escritório à decisão de não patrocinar a ação.

É verdade que a regra deontológica é clara ao determinar que o advogado deve desaconselhar lides temerárias, a partir de um juízo preliminar de viabilidade jurídica.[13] O comando é absolutamente cristalino, mas a sua aplicação no caso concreto, infelizmente, é algumas vezes deturpada por certos advogados que não fazem jus ao título que ostentam, que ludibriam seus clientes ao aconselhar lides sabidamente sem fundamentos válidos, em contrapartida ao pagamento de honorários. Como diz a sabedoria popular, não existe meio caminho para a ética: ou você tem, ou não tem.

Celso nunca hesitou em enfrentar pontos fracos e dificuldades nos casos que cuida, sempre numa análise técnica e impessoal. Neste ponto, não posso deixar de citar as sábias palavras do próprio Celso, que contextualizam o assunto com maestria:

---

11 Como já alertava Dario de Almeida Magalhães no início da década de 1950: "A independência, hoje, mais do que nunca, é condição essencial ao proveitoso exercício da profissão. É dêste patrimônio inalienável que os advogados precisam se mostrar mais ciosos; e a defesa dêle deve constituir a causa suprema, cujo patrocínio a todos incumbe, a fim de que o seu ministério não se degrade e se anule, com irremediável prejuízo para tôda a coletividade". MAGALHÃES, Dario de Almeida. Notas e Comentários. A Função do Advogado na Sociedade Contemporânea. *In* **Revista Forense**, v. 49, n. 139, jan./fev., 1952, p. 499.

12 Outro importante e oportuno alerta feito por Dario de Almeida Magalhães: "Deixando-se envolver pelo espírito e pelos métodos comerciais, os advogados correm o risco de se rebaixarem à condição de técnicos auxiliares das grandes emprêsas, de instrumentos eficientes no jôgo dos negócios e das competições do mercado, destinados a conduzir os interêsses dos seus poderosos clientes, elevados à posição de patrões, por entre o labirinto das leis e formalidades jurídicas". MAGALHÃES, Dario de Almeida. Notas e Comentários. A Função do Advogado na Sociedade Contemporânea. *In* **Revista Forense**, v. 49, n. 139, jan./fev., 1952, p. 500.

13 Código de Ética e Disciplina da Ordem dos Advogados do Brasil – OAB, Art. 2º, parágrafo único: "São deveres do advogado: (...) VII - desaconselhar lides temerárias, a partir de um juízo preliminar de viabilidade jurídica".

"O que é mais difícil na carreira de advogado?

Tudo na carreira é trabalhoso. (...) Mas eu acho que o maior obstáculo está dentro de nós mesmos. O Pinheiro tinha uma frase que tomei como lema e acho que é algo muito bem pensado. Ele dizia o seguinte: "O difícil não é encontrar a verdade; o difícil é conviver com ela". A gente sempre sabe onde está a verdade, só que às vezes ela não nos interessa ou não temos coragem suficiente para enfrentá-la, e acabamos por camuflá-la um pouco. E isso, na profissão, pode ser fatal. Como diziam as nossas avós, "é preferível ficar vermelho uma vez só do que amarelo a vida inteira". Se no começo de determinada situação jurídica você identificar a verdade e se dispuser a viver com ela, tudo fica mais fácil dali para frente. Quando você começa a fugir da verdade, a encontrar maneiras de parecer o que não é, as dificuldades podem ser crescentes".[14]

E o trabalho com coragem e ética, marca indelével de Celso, ao fim e ao cabo, é sempre recompensador. Primeiro, por descansar a alma. Segundo, e não menos importante, por ajudar a criar uma reputação séria e ilibada, que certamente gerará frutos no longo prazo. Como ilustra o caso anteriormente descrito, o potencial cliente que recebeu a notícia de que o Escritório não patrocinaria a causa voltou a procurá-lo para outros assuntos tão ou mais desafiadores, por uma questão de confiança, baseada numa relação de transparência e ética.

O segundo ponto que me parece merecer uma reflexão especial foi a postura de Celso, que mesmo não tendo sido formalmente contratado para o caso, deu uma atenção especial ao potencial cliente ao analisar o assunto, sem esperar em contrapartida o pagamento de honorários, numa verdadeira relação de parceria. Mesmo diante de uma postura absolutamente louvável

14 *In* MOREAU, Pierre (Org.). **Grandes advogados**. Rio de Janeiro: Casa da Palavra, 2011, p. 111.

e profissional do diretor jurídico em questão ao oferecer pagar honorários pelo trabalho realizado, Celso não hesitou em não cobrá-los. Eis a mensagem de Celso ao potencial cliente, que expressa perfeitamente como pensa:

> *"Prezado Dr. [nome do Diretor Jurídico],*
>
> *Muito gentil, elegante e profissional a sua oferta para debitarmos as horas necessárias ao conhecimento do caso. Entretanto, consideramos que a oportunidade que nos foi dada de apresentar uma eventual proposta de trabalho para a ação anulatória teve valor que compensa e justifica o trabalho desenvolvido.*
>
> *Agradecemos a sua mensagem e fazemos votos para que as distorções identificadas na sentença arbitral sejam pelo menos parcialmente reparadas por ocasião dos esclarecimentos.*
>
> *Atenciosamente,*
>
> *Celso Mori"*

Como o exemplo demonstrou, o retorno não veio de forma imediata, mas da forma mais cativante e prazerosa de todas: com a confiança que nos foi depositada pelo cliente ao nos enviar um novo caso.

Celso a todo momento, pelo seu exemplo, nos faz lembrar da importância do postulado de "exercer[mos] a advocacia com o indispensável senso profissional, mas também com desprendimento, jamais permitindo que o anseio de ganho material sobreleve a finalidade social do trabalho do advogado".[15] Como ensinava Francesco Carnelutti, a função do Direito é "impor a ética à economia".[16] Nesse ponto, mais uma vez Celso com a palavra:

> *"Na minha opinião, a questão financeira não pode ser vista como primeira meta. Se alguém for fazer Direito ou virar advogado*

15 Postulado constante do Código de Ética e Disciplina da Ordem dos Advogados do Brasil – OAB.
16 *In* CARNELUTTI, Francesco. **Teoria Geral do Direito**. São Paulo: Lejus, 1999, p. 104.

para ganhar dinheiro, está na profissão errada. Se a preocupação primeira for dinheiro, você precisa virar banqueiro, trabalhar no mercado financeiro, optar por uma profissão em que seu objeto de trabalho seja o dinheiro. Na advocacia, o dinheiro tem que vir – e deve vir, porque ninguém despreza ou desgosta e, afinal, vivemos numa sociedade de consumo – como uma consequência. O dinheiro tem que ser um louro. E acho que uma exigência fundamental para estar no Escritório hoje é comprometimento, interesse genuíno pela profissão".[17]

Como ainda observado por Celso em algumas ocasiões, devemos estabelecer relacionamentos de longo prazo com nossos clientes, em verdadeira relação de parceria e confiança.[18] Em suas palavras, "queremos ser advogados de clientes e não advogados de casos". Casos vão e vêm, clientes, se bem cuidados, tendem a permanecer clientes por muito tempo. Honorários são importantes para remunerar o trabalho sério e comprometido, mas visão de longo prazo numa relação de parceria frequentemente acaba por compensar.

A presente reflexão e singela homenagem a Celso nos inspira a construirmos, cada um de seu jeito, a sua carreira com dedicação, comprometimento e consistência. Celso nos indica o caminho para uma jornada rica e recompensadora, sem nunca nos desviarmos dos grandes princípios éticos e morais que a nossa profissão exige. Ética, com efeito, é uma questão subjacente em tudo que Celso faz.

Celso também nos mostra que a satisfação de nossos clientes é possivelmente o maior segredo do nosso negócio e também

17 *In* MOREAU, Pierre (Org.). **Grandes advogados**. Rio de Janeiro: Casa da Palavra, 2011, p. 113.

18 Nas palavras precisas de Jean Savatier: "la relation professionnelle dans les professions libérales s'établit sur un plan humain plutôt que sur un plan juridique. Le devoir de conseil déborde certainement sur le plan juridique. L'avocat peut moralement être astreint à donner à son client des conseils d'une portée plus large que ceux que lui impose leur obligation juridique. On connaît d'ailleurs toute l'influence que pourrait exercer ce professionnel de ce fait." (SAVATIER, Jean. **Etude juridique de la profession libérale**. Paris: Lib. Generale de Droit et de Jurisprudence, 1947, p. 279).

de nosso contentamento pessoal e profissional, e que uma boa reputação é difícil de conquistar, mas muito fácil de perder. Também nos indica que fazer bem feito e trabalhar com prazer, sendo solidário, cortês, transparente, parceiro, conselheiro, modesto, e agradecido, tudo com um bom toque de idealismo, são uma ótima receita para uma bem-sucedida e profícua carreira.

Individualmente, parecem tarefas simples e até intuitivas. Aplicá-las durante toda uma vida profissional, de forma consistente e sistemática, é que é o grande desafio, que Celso atingiu e segue atingindo com maestria. Por meio do seu exemplo, seja nos casos mais importantes, seja nas situações mais singelas e prosaicas do dia a dia, Celso nos impulsiona, nos encoraja e nos inspira a enfrentar nossos próprios desafios e a traçar nosso próprio caminho, mas sem nunca nos desviarmos de grandes princípios que jamais devem ser olvidados ou negligenciados em nossa relevante, difícil e nobre profissão. Nosso muito obrigado, Celso, por nos iluminar nessa bela caminhada.

Quando alguém personifica uma profissão

Alexandre Bertoldi

Essa não é a primeira versão do texto que eu queria escrever sobre o Celso. Na verdade, foram várias tentativas. Nenhuma me satisfez. Pensei em escrever sobre algum caso. Foram tantos! E sempre com uma contribuição única, especial, diferente.

Tentei escrever sobre os nossos anos juntos na gestão do Escritório, um período de muito trabalho, muitos desafios, alguma turbulência... Mas que foram muito profícuos e deixam frutos e saudades. Ainda cogitei escrever sobre suas iniciativas "aleatórias", inspiradoras e transformadoras, como tentar limpar o Rio Pinheiros, melhorar o nosso sistema carcerário e outras tantas ideias que sempre me fizeram pensar onde o Celso arruma tempo para tanta coisa.

Na verdade, abortei todas as tentativas. A única conclusão a que cheguei é que nada chegaria perto de refletir ou capturar o papel especial, único, que o Celso tem para mim. E acho que posso dizer em nome de todos, para o nosso Escritório. Claro que não existiria Pinheiro Neto Advogados, tal como é hoje, não tivesse existido um Celso Cintra Mori. Mas, para mim, indiscutivelmente, a importância do Celso vai muito além disso.

Nesses anos todos, tive e tenho a sorte de conhecer e trabalhar com muitos advogados e advogadas brilhantes. Muitos me marcaram e vários deixaram uma influência determinante na minha carreira, na maneira com que vejo as coisas. Claro que o Celso foi um desses, mas houve outros igualmente importantes e aos quais sou igualmente grato.

Entretanto, em um aspecto Celso foi único.

Ele é , desde o primeiro momento, quem para mim personificou a profissão – foi o advogado "ideal", o exemplo, aquele que eu faria de tudo para tentar, um dia, chegar perto de ser igual.

Uma pessoa sempre atenciosa, cortês, disposta a ouvir. Alguém que, no auge da profissão e já um dos advogados mais importantes do Escritório, não hesitou em gastar duas ou três horas – já com a noite avançando – para ajudar um recém-formado a se preparar para o exame da Ordem. Alguém que as pessoas, desde sempre, param de falar para ouvir – no Escritório, numa Assembleia, nos Tribunais...

E que, apesar disso, dá atenção a todos, sem pressa, com todo o cuidado. Um advogado clássico, na acepção do termo, que sempre foi muito mais interessado nas teses e nas ideias do que nos honorários que um caso poderia gerar. Alguém que sempre foi capaz de argumentar levando em consideração os diferentes ângulos, antevendo as consequências de cada posição e se preparando para todas as possíveis respostas.

Muitas vezes, necessitamos de exemplos para ter força para continuarmos e seguir em frente. Acho que todos precisamos, nos dias bons e mais ainda nos ruins, de alguém que nos sirva de modelo, que nos inspire. E o Celso tem sido esse modelo para todos nós, para o Escritório, há décadas.

Se um dia alguém resolver escrever um "manual" sobre o advogado ideal, que defina com perfeição a profissão como ela deveria ser, bastaria descrever Celso Cintra Mori. Quem sabe, com jeito e se o manual virasse um filme, o Celso poderia até estrelá-lo.

Certamente, ninguém teria mais *physique du role* para tanto.

Agilidade Profundidade

Educação

Paciência Presença Simplicidade

Atitude Assertividade

Tranquilidade

Competência

Conhecimento

Celso Mori

Clareza

Elegância

Vocação

Curiosidade

Disposição

Perfeição

Respeito

Confiança

Criatividade Dedicação Cultura

Equilíbrio Técnica

Postura

Empatia Otimismo

Emoção Moral

Eloquência Ética Flexibilidade

Objetividade Versatilidade Visão Retidão

Experiência Paixão

Integridade

Genialidade Humanidade

Naturalidade

Humildade

Segurança

Inspiração Habilidade

Sabedoria

Generosidade

Resiliência Sensibilidade